도시 숲에서 아이 키우기

자연을
즐기며
느끼고
성장하기

# 도시숲에서 아이 키우기

정문기 지음

참좋은세상
1% 나눔의 가름

어린 시절 부모님과 함께한 기억이 새록새록 떠오릅니다. 커다란 배낭을 멘 아버지, 어머니와 동생, 가족 모두가 함께 떠납니다. 차도 없던 시절 기차를 타고 버스를 타고 어딘가로 갑니다. 기차역에서 어둑어둑한 밤기차를 기다리는 사람들의 웅성거림이 시끄럽습니다. 어수선한 공간이 편안하지는 않았을 텐데 힘든 느낌은 떠오르지 않습니다. 기차역은 우리 가족을 어딘가로 데려가 줄 것임을 알고 있었기 때문일 것입니다. 우리 가족의 종착 지점은 '자연'이었습니다. 강가에서 살짝 떨어진 기슭에, 산속 계곡 인근에, 논두렁 옆 개울가 등에 가지고 간 텐트를 치고 자리를 잡습니다. 자리를 잡고 난 후 사냥을 떠납니다. 저녁에 먹을 물고기를 잡기 위해 아버지는 투망을 짊어지고 앞서가고 나는 물고기를 담을 작은 가방을 들쳐메고 따라다닙니다. 힘찬 투망질 한 번에 물고기가 많이 잡히면 주워 담기 바쁩니다. 펄떡이는 물고기를 보며 얼굴이 상기되어 분주하게 손을 놀립니다. 잡아간 물고기로 매운탕도 끓이고 튀겨도 먹었습니다. 그 맛이란 먹어보지 못한 사람은 알지 못할 겁니다. 졸졸 흐르는 물소리와 선선한 바람, 그리고 입안에 퍼지는 단맛이 어우러져 잊지 못할 기억으로 남아 있습니다. 잠을 잘 때는 바닥의 돌 때문에 등이 아프고 텐트 공간이 좁아 몸을 쭉 펴지 못해 아버지, 어머니, 동생의 팔다리가 서로 겹쳐 새우잠을 자기도 했습니다. 하지만 아침 햇살이 텐트에 살짝 비쳐들고 새들의 지저귐이 들리면 찌뿌듯한 몸을 사방으로 뻗는 기지개 한 번에 기분을 상쾌하게 바꾸는 힘이 있었습니다. 그렇게 또 다른 자연 속 하루에 무슨 일이 일어날지 설레던 감정을 기억합니다.

어린 시절 자연과 함께한 수많은 추억은 어느 순간 기억 속에만 존재합니다. 기억 속에만 존재하는 순간부터 자연은 어딘가로 사라지고 사무실에 앉아 있는 내가 보입니다. 그때 아내의 뱃속에 있는 아이를 생각합니다. 나보다 더 잘 키우고 싶은 아이, 그 아이를 위해 할 수 있는 것은 공부하는 것이었습니다. 아이를 이해하기 위해 상담학과 교육학을 공부하고 그 과정에서 알게 된 숲 교육을 육아에 접목해서 아이를 키우기 시작했습니다. 주중에는 직장에 다니고 주말에는 기어다니는 아이를 업고 산에 다녔습니다. 처음에는 등에 메는 캐리어를 이용해 업고 다녔습니다. 나중에 걷게 되면서 손을 잡고 다녔습니다. 그리고 아이가 뛰기 시작하면서 앞서거니 뒤서거니 함께 걸었습니다. 그렇게 보낸 시간만큼이나 아이들은 잘 커주었고 이 활동들을 여러 사람과 나누고 싶어 숲 교육을 시작하게 되었습니다.

이 책은 학문적 성과라기보다는 숲 교육을 하며 느낀 점을 적은 에세이입니다. 인도의 철학자 지두 크리슈나무르티는 책 『아는 것으로부터의 자유』를 통해 지식보다 경험, 특히 느낌을 강조하고자 했습니다. 자연에는 지식만으로는 알 수 없는 것들이 너무나 많습니다. 경험과 느낌 없이는 지식을 넓혀갈 수 없습니다. 학문은 느낌을 가립니다. 그러나 느낌은 생각을 확장시킬 수 있습니다. 부처가 깨달음을 얻은 것은 기존의 학문에서가 아니라 보고 느낀 경험과 나무 아래의 참선에서였습니다. 성인(聖人)들은 남에게 배운 지식이 아닌 스스로의 경험과 느낌에서 세상의 이치를 깨닫고 많은 사람에게 알리려 했던 것입니다. 같은 마음으로 이 책을 썼습니다. 제가 스스로 느낀 자연과 아이들의 관계를 알리고 싶습니다. 부모님들이 아이들에게 더 넓은 자연의 세계를 바라볼 수 있도록 좀 더 열린 마음으로 읽어봐주시면 좋겠습니다.

현재의 교육 시스템은 닫힌 공간에서 주어진 공부를 하는 틀에 갇힌 공부입니다. 기존의 사회, 문화, 전문가들이 만들어놓은 체계적인 공간입니다. 병원, 산후조리원, 어린이집, 유치원, 학교로 연결되는 체계 안에서만 활동하게 되는 구조적으로 닫힌 공간입니다. 이것을 안정적이라 부르기도 하지만 반대로 보면 변화가 힘든 구조이기도 합니다. 현재의 아이들은 이렇듯 자연의 시스템과는 동떨어진 도시의 시스템에서 획일적으로 자라고 있습니다.

아이들은 풍부한 상상력으로 자연의 시스템을 따르고 있습니다. 자연의 시스템은 오랜 시간 동안 아주 천천히 진화하고 발전해온 것입니다. 이런 자연의 이치를 깨닫고 좀 더 넓은 생각과 좀 더 깊은 사고를 하기 위해 짜여진 틀이 없는 열린 공간에서 아이들과 함께하고 싶었습니다. 열린 공간은 자연스러운 것이며 자연스러운 것은 상호연결입니다. 상호연결은 사랑으로 연결됩니다. 사랑을 아는 아이로 키우고 싶은 부모가 많을 것입니다. 진정한 삶은 사랑을 아는 것이라고 합니다. 아이들이 강아지와 움직이는 생명에 관심을 가지는 것은 이미 아이들 마음에 사랑이 있기 때문입니다. 그 사랑을 지키는 방법은 자연에 가서 느끼는 것입니다. 자연을 알면 사랑을 할 수 있게 됩니다. 생명의 소중함을 알고 생명을 만지고 느끼면 사랑을 하게 됩니다. 어느 누구도 만지지 않고 사랑을 할 수 없습니다. 우리에게는 주변에 함께할 자연과 시간이 너무 많습니다. 마음만 먹으면 얼마든지 자연을 사랑하는 아이로 키울 수 있습니다.

저는 오랫동안 숲에서 아이들과 함께한 경험이 있습니다. 내 아이를 자연을 사랑하는 아이로 키우고 싶은 부모님들과 그 경험을 나누고 싶습니다. 지난 몇 년간 봄, 여름, 가을, 겨울 자연 속에서 만나온 약 400명의 아이들과 함께한 내용들을 담았습니다. 읽어보시고 아이와 함께 가족 모두가 자연을 만나 사랑을 하는 가족이 되길 기원합니다.

1장

생각 바꾸기

'교육'의 국어사전적 의미는 '지식과 기술 따위를 가르치며 인격을 길러줌'이라고 설명되어 있습니다. 교육에는 가르치는 사람과 배우는 사람이 있습니다. 그 사이에 지식과 기술이 있고 그 과정의 끝에 인격이 있습니다. 가정교육을 하기 위해서는 가르치는 부모와 교육을 받는 아이가 반드시 있게 마련입니다. 그런데 보통의 부모들은 아이를 가르치는 것에 대해 따로 배우지도 못했고 배우려고 하는 경우도 드물어서 그냥 키우는 경우가 다반사입니다. 그나마 육아를 대부분 수행하는 어머님들의 노력으로 주변의 정보를 모아모아 알음알음 키우는 것이죠. 대부분의 정보는 산후조리원 동기, 놀이터 또래 엄마, 인터넷 등에 국한된 경우가 많습니다. 육아는 힘든 것이니까요. 아이 교육을 위해 부모가 공부할 엄두를 낼 수가 없습니다.

하루의 육아 일상을 생각해보면 이렇습니다. 어제의 힘겨운 육아로 인해 무거운 몸으로 아침에 일어나 아침밥 준비를 합니다. 가족이 식사를 하고, 먹고 난 식기 등을 치우면 어제 저녁 피곤해서 치우지 못하고 잠자리에 들어 어질러진 물건들이 보입니다. 물건을 치우며 집안일을 하다 보면 점심 먹을 시간이 되어 점심 준비를 합니다. 점심을 먹고 나면 설거지를 합니다. 아이와 잠시 놀아주거나 멍하니 쉬다 미뤄둔 빨래가 생각나 서둘러 빨래하고 청소를 합니다. 다시 저녁 식사 준비를 하고 먹고 치우고 아이와 잠시 놀아주고 잠깐 부부가 TV를 보거나 친척 대소사, 전기요금 납부, 옆집 아이 이야기 등에 대해 이야기를 나누고 잠자리에 듭니다. 부부가 대화할 틈도 없이 잘 때까지 먹고 자고 입는 일만 하기에도 24시간이 빠듯한 하루하루가 지나갑니다. 이런 상황에 아이 교육에 대해 별도로 부모가 공부를 할 수 있을까요? 쉽지 않을 것입니다. 이런 상황에서 부모에게 아이 교육을 하라면 어떻게 될까요? 힘들다고 생각하는 것이 당연합니다. 이런 상황에서 부모가 확고한 교육적 가치관을 가지고 아이들을 훈육하는 것은 어렵습니다.

가치관이야 어떻든 부모님들은 아이에 대한 교육을 절대 포기하지 않습니다. 지금의 거대한 사교육 시장의 규모를 보면 알 수 있습니다. 교육용 교구, 만화책, 만화영화, 운동기구 등 교육을 위한 모든 것을 갖추고 있는 것처럼 보입니다. 부모는 시간도 부족하고 전문성도 떨어진다고 스스로 생각할 수 있습니다. 그래서 남들이 보내니까, 혹은 어쩔 수 없이, 자신보다 전문가인 학원, 어린이집, 유치원, 학교에 아이들을 보내고 있는 것입니다.

지금 이 책을 보고 계신 부모님들은 책을 다 보고 난 후, 아이를 위해 좀 더 나은 환경을 만들어주겠다고 생각을 바꿀 수 있는 분이라 확신합니다. 바쁜 육아 속에서 아이를 위해 부모가 먼저 공부하고 함께하겠다고 생각하는 것은 매우 중요합니다. 그 생각을 실천하는 것은 매우 용기 있는 행동으로 생각과 행동의 일치가 부모의 가치관뿐만 아니라 아이의 가치관까지 바꿀 수 있다고 생각합니다. 지금부터 부모님과 함께 아이에게 더 나은 교육환경을 만들 수 있는 교육적 가치관에 대해 이야기해보려고 합니다.

# 1 그 자체로 소중한 아이

　　교육은 가르치는 사람과 배우는 사람으로 나뉜다고 했습니다. 가르치는 사람은 부모, 선생님, 사회 문화 등으로 나누어 볼 수 있습니다. 배우는 사람은 아이가 유일하죠. 배우는 사람은 하나인데 가르치는 사람은 참으로 다양합니다. 그런데 문제는 가르치는 사람의 가치관이 일정하지 않다는 것입니다. 가르치는 사람의 욕구와 바람이 다르기 때문입니다. 부모는 아이에게서 성공을 바랍니다. 성공의 근원은 소유욕이지요. 자신의 아이가 남보다 더 나은 모습이길 바라는 마음, 소유욕입니다. 내가 소유함으로써 남보다 더 돋보이고 싶은 욕망으로 아이를 가르칩니다. 아이 기준의 성장과 성공보다 사회 기준에서의 성공과 주변의 시선을 더 신경 씁니다. 남보다 공부 잘하는 아이, 부모의 말 잘 듣는 아이, 성공의 요소인 책 잘 읽는 아이, 옆집 아이보다 무엇이든 더 잘하는 아이를 원합니다.

　　선생님은 어떤가요? 선생님은 아이가 기존의 체계에 적응하길 바랍니다. 그 체계는 어린이집, 유치원, 초등학교, 중학교, 고등학교, 대학교, 대학원이라는 이름을 가지고 있습니다. 체계적으로 아이를 성공시키기 위해 조직적으로 교육합니다. 시대에 따라 진정한 성공의 기준은 무엇인지도 고민하지 않은 채 지속적으로 기존의 체계를 고수하며 교육합니다. 아이의 성장보다는 다른 학교보다 나은 학교가 되기 위해 부모들이 보내고 싶은 학교가 되려고 노력합니다. 선생님은 학교를 빛낼 공부 잘하는 아이, 학교가 조용하게 말 잘 듣는 아이, 학교에서 문제없게 사고 안 치는 아이, 선생님의 말씀에 질문하지 않고 그냥 듣는 아이 등을 원합니다.

사회는 어떨까요? 사회는 아이에게 문화에 순응하기를 바랍니다. 개인의 부와 권력을 정당화해 부추깁니다. 부와 권력을 쟁취하기 위한 경쟁을 당연시하길 바랍니다. 학교의 체계적인 교육에 의해 획일적으로 사고하게 된 아이들을 기업이라는 또 다른 체계 속에 밀어넣고 순응하기를 원합니다. 회사가 아이에게 부과한 일을 성실히 하고, 상사가 아이에게 시킨 일을 열심히 하고, 회사에 끝까지 충성하는 사람을 원합니다. 개인보다 회사를 우선시하고 회사의 잘못도 개인의 잘못으로 착각하게 만드는 순응을 원합니다. 부모, 선생님, 사회의 각기 다른 가치관 속에서 교육받는 아이는 어떤 교육을 받는 것일까요? 부모, 선생님, 사회는 누구를 위한 교육을 하는 것일까요?

어떤 부모님들은 말씀하십니다. "선생님, 사회가 어쨌건 나는 그냥 아이가 의사, 변호사, 과학자, 대통령같이 큰 인물 안 돼도 되는데……. 그저 밥 굶지 않고 평범하게 살기를 바라는 것뿐인데요."라고 말이죠. 그런데 현실은 언제부터인가 평범하게 사는 것이 평범하지 않고 남과 다른 특이한 삶이 되어버렸습니다. 사회에 순응하는 것이 평범한 것이고 선생님 말 잘 듣는 것이 평범한 것이고 부모님 말씀 잘 따르는 것이 모나지 않은 평범한 것이 되었습니다. 자신의 성향을 찾는 것은 특이하고 자신의 궁금한 것을 찾아다니면 이상하고 자신이 만족하게 살면 부족한 삶이 되어버렸습니다.

부모님, 선생님, 사회의 시선에 맞춰 평범하게 살아온 아이들은 부모와 선생님이 떠난 후 성인이 돼서 사회 앞에 어떻게 홀로 설 수 있나요? 가정을 꾸리고 나서는 남편이나 아내가 원하는 대로 따르는 사람이 되거나 반대로 자신을 이해하지 못하는 상대를 원망하며 하루하루 힘겹게 보내는 사람이 되어 있을지 모릅니다. 자식이 있다면 자녀가 원하는 것을 다 해주는 사람이 되거나 자신이 목표한 방향으로 무조건 지시하는 어머니가 되어 있을 수 있습니다. 남자는 다를까요? 남편이 된 아이는 아내가 된 아이와 마찬가지로 가치관 없는 힘든 삶을 살게 될 것입니다. 힘든 삶은 가정의 불화를 가져오고 폭행, 무관심, 파혼, 이혼 등으로 아이에게 영향을 끼칩니다. 아이는 부모와 같은 삶을 반복합니다.

그럼 반대로 "나는 다른 아이들이 어찌되었건 상관없고 내 아이만 잘 키우면 되는데……."라고 생각하시는 부모님도 계실 겁니다.

국영수 모든 과목에 과외 붙이고 열심히 공부 뒷바라지해서 학업 성적 올려 좋은 대학, 좋은 직장에 보낼 수 있다고 생각하시는 거죠. 생각은 쉽지만 실천은 어렵습니다. 우선 아이가 잘 따라야 하고 재력도 있어야 하고 시간도 있어야 합니다. 결국 아이가 받아들이지 못하고 포기하는 걸 주변에서 많이 보아왔습니다. 한국은 청소년 자살률이 세계 최고 수준입니다. 자살은 모든 것을 포기하는 것입니다. 더 많은 아이들이 지금의 사회 속에서 자살을 생각하는 삶을 살고 있습니다.

자존감과 가치관이 부족한 가정에서 자란 아이는 가정의 불화를 지켜보며 커왔고 이를 지켜본 아이들은 가정의 소중함을 알고 타인과 따뜻한 유대관계를 유지할 수 있는 사랑이 부족합니다. 가정의 교육과 사회의 교육이 정상적이었다면 우리는 더욱더 발전된 사회와 풍요로운 삶을 영위할 수 있을 것입니다.

가정, 학교, 사회 어디에서도 아이를 위한 교육은 찾아보기 힘듭니다. 아이의 삶이 없는 인생은 의미가 없고 희망이 없으며 미래가 보이지 않습니다. 누군가의 꼭두각시처럼 자란 아이들이 자신의 삶을 살 수 있을 리가 없습니다. 이렇게 경쟁하며 살아간 아이들은 미래에 필수적 역량인 협력하는 능력을 키울 수 없습니다.

아이가 주체가 되지 않는 가치관 없는 교육에서 아이들을 구하기 위해 아이들을 위한 교육이 절실합니다. 아이의 삶을 위한 교육이어야 합니다. 그러기 위해 아이의 개성을 존중해야 합니다. 아이 자체로 존엄한 존재라는 생명의식이 필요합니다. 아이 스스로 존엄해야 합니다. 자존감을 높이기 위해 스스로 생각하고 행동할 수 있어야 합니다. 스스로 문제를 발견할 수 있어야 합니다. 협력해서 문제를 해결해나가야 합니다. 이런 모든 것을 배울 수 있는 교육이어야 합니다. 아이들 각각의 다양한 교육이 필요한 이유는 다양한 삶이 있기 때문입니다. 다양한 삶은 아이 자체를 그대로 바라보는 것에서 시작합니다. 그럼 어떤 가치로 아이를 키울 것인지 이야기해보겠습니다.

# 2 자신의 삶을 사는 아이

　부모가 바라는 아이의 모습은 어떤 것일까 생각해봅니다. 돈, 명예, 행복, 편안함, 안락함, 조화로운 삶 등 다양한 언어로 표현할 수 있을 것입니다. 이 가운데 사회에서 인정해주고 다수의 부모가 바라는 것을 순서대로 뽑자면 아마 돈과 명예가 1위나 2위를 하지 않을까 싶습니다. IMF 이전에는 부와 권력만이 모든 것을 해결해줄 것처럼 이야기했습니다. 미니멀리즘, 소확행 등 최근 유행하는 단어들을 보면 금융위기 이후부터 삶에 대한 시각이 아주 미미하지만 행복, 조화로운 삶 등으로 조금씩은 바뀌어가고 있는 것 같습니다. 하지만 여전히 부와 권력의 힘은 막강합니다.

　부를 쌓기 위한 아이로 성장시킨다면 돈만 아는 아이가 됩니다. 돈만 안다고 하면 매우 삭막하게 느껴질 수 있지만 부모가 돈으로 모든 것이 될 것처럼 생각하고 생활하고 교육한다면 아이는 돈만 아는 아이가 될 수밖에 없습니다. 드라마에 많이 나오는 재벌가의 이야기들은 대부분 불행하기만 합니다. 바쁘게 일한 결과 돈을 많이 벌었는데 더 많은 돈을 벌기 위해 더 열심히 일을 합니다. 그렇게 모은 돈을 잃지 않기 위해 수단과 방법을 가리지 않습니다. 사이먼 사이넥의 책 『나는 왜 이 일을 하는가?』에서는 '타이탄'이라는 모임을 소개하고 있습니다. 타이탄은 부자들의 모임입니다. 부자들은 모임을 가질 때 울음을 터트린다고 합니다. 스스로 부자라고 생각하고 있으나 성공했다고는 느끼지 못한다고 합니다. 과거 가난했지만 미래를 꿈꾸던 시절을 추억하며 서로 눈물을 흘린다고 합니다. 돈을 기준으로 하는 삶에 아이의 삶은 없으며 오직 돈만 있는 것입니다.

권력을 위해 아이를 키운다면 '갑'질에 익숙해질 아이가 됩니다. 권력은 기본적으로 상하를 구분 짓는 수직적 구조를 전제로 합니다. 시키는 사람과 일하는 사람이 나눠지고 일하는 사람이 되지 않기 위해 시키는 사람이 되어야 하는 경쟁 구도에 있습니다. 당연히 경쟁을 위해 친구도 가족도 믿을 수 없는 외로운 삶을 살 수밖에 없을 것입니다. 조선왕조 500년 당쟁의 역사에서도 알 수 있고 1989년 영화 "행복은 성적순이 아니잖아요"에서도 알 수 있습니다. 영화에 나오는 여주인공 이은주가 "난 앉아서 공부만 하기 싫은데…… 난 꿈이 따로 있는데…… 난 정말 사람을 사랑하며 살고 싶은데. 이 모두는 우리 엄마가 제일 싫어하는 말이지."라고 독백하는 모습은 수십 년이 지났지만 지금의 교육 현실을 대변합니다. 아이들은 더 높은 곳에 서기 위해 지독한 경쟁을 하며 살고 있고 현재 대한민국의 청소년들은

매년 수백 명이 자살하고 있습니다.

아이가 어떤 아이로 자라길 원하시나요? 돈을 좋아하는 아이, 남부럽지 않은 직장에 다니는 아이?

고등학교 때 저희 아버지가 저를 불러 앉혀놓고 이야기를 나눈 기억이 있습니다. 당시 저는 인문계 이과를 다니고 있었습니다. 저는 아버지 앞에 꿇어앉아서 아버지의 질문을 받을 준비를 하였습니다. 아버지는 교육 행정 공무원으로 수십 년을 보낸 무서운 분이셨습니다. 당시 분위기는 편하게 말할 수 없는 무거운 공기가 느껴졌습니다. 아버지가 물어보시길 "너는 꿈이 뭐냐?"고 하셨고 저는 잠시 생각한 끝에 그동안 생각했던 대로 "범인이 되고 싶습니다."라고 했습니다. 아버지는 잠시 뜸을 들이시고 "범인? 그게 뭔데?"라고 다시 물으셔서 "평범한 사람이 되고 싶습니다."라고 말했습니다. 그 후 돌아온 말들은 그게 무슨 꿈이냐? 그래 가지고 무엇이 될 것이냐? 같은 내용으로, 저의 생각보다 아버지의 생각을 이야기했던 것으로 기억이 됩니다. 당시 보편적인 꿈들이 '사'자 돌림이라 해서 많은 사람들이 판사, 의사, 변호사 등을 이야기하던 때였음을 돌이켜보면 아버지의 그런 반응은 예견될 수 있었던 것이었습니다. 하지만 저는 생각보다 순진했던 것 같습니다. 원하는 대답을 들려드리는 대신 자신의 생각을 이야기했던 것으로 보면 말입니다. 좋은 기억은 아니지만 그 대답만은 계속 기억에 남아 있습니다. "범인으로 살고 싶다"는, 평범하게 가족들이 오손도손 서로 사랑하며 사는 기본적인 가정을 꾸리고 행복하게 살고 싶다는 그런 꿈 말입니다.

돌이켜보면 꿈이란 나 자신이 원하는 삶을 살기 위해 끊임없이 노력하는 것이 아닌가 싶습니다.

부는 더 많은 돈을 원하고 권력은 지키기 위해 수단방법을 가리지 않습니다. 미래는 언제나 불확실합니다. 우리는 미래의 화려함을 쫓아가고 있지만 장담할 수는 없고 부와 권력을 따라갈수록 아이의 욕망은 계속해서 높아만 집니다. 지금 부모님을 보고 방긋 웃는 아이들을 보며 돈만 알고 남을 부리기 좋아하고 권력자가 된다고 생각하면 좋아할 부모는 아마 없을 것입니다. 하지만 부모의 가치관이 부족하면 시대가 원하는 가치관을 갈팡질팡하며 따라가게 됩니다. 시간이 흐른 뒤 아이가 원하는 모습이 아닌 과거 사회가 원하는 모습으로 바뀌어 있는 자신을 볼지도 모릅니다.

"미래 사회는 어떤 아이를 원할까?"를 생각하다 보면 미래 사

회는 어떤 모습일지 생각하게 됩니다. 얼마나 자동화되어 있고 얼마나 편리할지 그렇게 변한 세상은 아이에게 좋은 세상인지 아니면 힘든 세상인지 등 다양한 생각이 들죠. 최근 자주 거론되는 인공지능, 4차 산업, 로봇 등 최첨단 사회로 나아가고 있다는 생각을 많이 하실 겁니다. 과거를 돌아보면 세상은 무서운 속도로 변하고 있습니다. 그 변화의 속도는 점점 더 빨라질 것이란 것도 예상할 수 있으며 그 속도는 기술적 목표를 달성하는 것입니다. 스마트 폰이 우리의 손에 항상 붙어다니는 것처럼 기술은 일상생활에 빠르게 퍼져나갈 것입니다. 기술의 발전으로 반복적인 일을 하는 일자리는 로봇과 인공지능에 의해 대체될 것입니다. 사람들은 기존의 일이 아닌 다른 일을 찾아야 합니다. 대학에서 연구를 통해 바라본 미래에는 운전사가 필요 없고 은행원이 사라지고 약사가 필요 없고 세무사도 사라집니다. 우리 아이들이 겪어야 할 미래입니다. 지금 사회가 요구하는 제도권 교육으로 대비할 수 있을까요? 장담하기 힘든 것이 사실입니다. 부모님, 선생님을 포함해 아무도 가보지 않은 미래이기 때문이지요.

카이스트의 정재승 교수는 이렇게 말합니다.

"지금의 학교는 숫자와 언어를 잘하는 아이를 뽑습니다. 그런데 인공지능은 이걸 인간보다 더 잘해요. 이제는 몸, 음악, 그림 등으로 표현을 잘하고 질문을 잘하는 사람이 되어야 합니다."

표현을 잘하는 사람이 되어야 합니다. 이미 우리는 표현을 못 하는 환경에서 자라고 있습니다. EBS 다큐프라임 "왜 우리는 대학에 가는가" '5부 말문을 터라'의 한 장면에서는 오바마 미국 대통력이 공식 기자회견에서 수많은 기자들을 제외하고 특별히 한국기자에게 발언권을 줍니다. 한국기자는 아무도 질문하지 못하고 스스로 일어선 중

국기자에게 기회를 넘겨주는 영상이 있습니다. 사회 구조상 엘리트에 속하고 질문을 업으로 생활하는 기자들임에도 불구하고 우리는 표현에 익숙하지 않습니다.

　과거의 역사로부터 미래를 준비할 수 있습니다. 필요한 준비가 무엇인지 알면 현재 어떻게 살지 생각해볼 수 있습니다. 미래의 경쟁력은 창의성에 있다는 말을 많이 합니다. 한동안 창의경제라는 단어를 많이 들어보셨을 것입니다. 단어는 누구나 쓸 수 있지만 그것이 무엇이고 어떻게 하는 것인지는 모른 채 구호만을 외치는 것은 의미가 없습니다. 진정한 역량이 되기 위해서는 실천이 따라야 하고 실천은 동기가 있어야 합니다. 평생교육 분야의 2018년 토론회에서 미래의 경쟁력을 언급했습니다. 비판적 사고, 호기심, 신뢰, 꿈 그리고 의미에 대한 고민과 역량을 길러내는 것이라는 데에 공감하였습니다. 빠르게 변화하는 시대가 모든 것은 변한다는 진리를 보여줍니다. 아이들에게 필요한 것은 변화하는 기술이 아니라 변화할 수 있는 역량을 기르는 것입니다. 장중호 경영컨설턴트는 스토리텔링을 강조하며 감성과 직관의 능력을 길러야 한다고 이야기합니다. 감성과 직관은 디자인적인 생각으로 창의성을 요구하는 미래 사회는 물론 지금도 필요한 능력이라는 것입니다. 미래는 소품종 다량생산이 아닌 다품종 소량 생산의 다양화 시대로 가고 있습니다. 이미 다양성의 시대로 들어섰을지도 모릅니다. 다양성은 창의성과 개성으로 표현될 수 있습니다. 창의성과 개성은 스토리 형태로 사람들과 소통하며 차별

화됩니다. 소통하는 능력이 지금의 아이들에게 가장 중요한 역량입니다. 소통하려면 공감하고 공감한 것을 잘 표현해야 합니다. 우리 아이들의 교육체계에 공감과 표현이 있는지 돌아봐야 합니다. 상대에 공감하고 물건에 공감하고 공간에 공감하는 아이, 공감한 것을 상대에게, 물건에, 공간에, 모든 세상 만물에 잘 표현하는 아이가 되도록 해줘야 합니다.

소통하는 아이는 자신의 감정에 충실합니다. 누구의 생각이 아닌 자신의 생각에 깊숙이 들어가 대상을 바라보고 느낍니다. 대상의 색깔, 형태, 질감 등을 느낍니다. 지금 바로 이 순간에 자신과 대상만이 있는 것처럼 그 대상에 집중하며 느낌을 가져갑니다. 보통은 아이들이 어릴수록 이런 몰입 상태가 많다는 것을 부모님들은 알 것입니다. 아이들이 차차 커가며 사회를 알아가고 부모를 모방하며 바라보는 대상을 보지 못합니다. 대상을 바라보는 부모와 사회의 반응을 학습하고 동일화됩니다. 아이들은 개성이 사라지고 사라진 개성은 획일화됩니다. 획일화된 아이들은 개성도 창의성도 사라져갑니다.

『오래된 미래』의 저자 노르베리 호지는 현대사회의 시선에서 보자면 오지인 라다크에서 16년간 생활하며 라다크인들의 행복의 비밀을 발견합니다. 행복은 중앙에서 자립해 탈중앙화하므로 다양성, 관용, 사랑 등을 생활에 실천할 수 있다고 이야기합니다. 당시 이 지역에서 가장 심한 욕이 화 잘 내는 사람이라고 할 정도이니 관용과 사랑의 깊이를 짐작할 수 있습니다. 그러나 자본주의가 밀려들어와 TV, 라디오 등 시각적이고 물질적인 자극적 문화로 침범을 당하자 기존의 다양한 문화는 사라지고 획일화된 물질적 문화로 변질됩니다. 기존의 협력과 관용은 사라지고 경쟁만이 남습니다. 물질적 문화는 기존의 다양한 문화를 없애고 자족기능을 훼손시킵니다. 자족기능의 훼손은 물질문화에 종속되며 획일화됩니다. 획일화된 문화는 개성도 창의성도 그 테두리 내에서만 이뤄지고 맙니다. 테두리에 갇힌 개성은 더 큰 창의력으로 발전할 수 없습니다. 행복은 자신의 내면에 있다고 이야기합니다. 내면에 집중할수록 다양한 개성이 발현될 수 있는 것입니다.

　자신의 삶을 살기 위해 아이들은 현재에 집중해야 합니다. 현재 자신의 느낌에 집중해야 합니다. 마음의 소리에 귀 기울이고 살아갈 때 자신의 삶을 살 수 있습니다. 자신의 삶을 사는 것이 창의적이고 개성 있는 삶입니다. 자신의 느낌을 가장 쉽게 느낄 수 있는 곳이 바로 자연입니다. 인위적 문화가 가득 찬 도시에서 벗어나 자연스러운 생명이 가지는 느낌을 충분히 만나는 곳이 자연이기 때문입니다.

# 3 도시와 숲, 무엇이 다를까요?

　아이가 자신의 삶을 살기 위해서는 느낌이 중요합니다. SBS스페셜 "검색 말고 사색, 고독 연습"에서 사람들에게 고독의 시간을 주었습니다. SNS에 빠진 사람, 인간관계에 빠진 사람, 말소리에 빠진 사람, 게임에 빠진 사람 등 무엇엔가 중독 수준으로 빠져 시간을 빼앗긴 사람들이 모였습니다. 핸드폰, 노트북 등 전자기기를 모두 뺏고 며칠 간 독방에 가두고 질문을 던집니다. 한번도 경험해보지 못했던 자신과의 대화의 시간에 처음에는 낯설고 힘들었지만 차차 질문에 질문을 거듭하며 자신의 내면을 바라보게 됩니다. 자신과의 대화를 위해 필요한 것은 고독의 시간이었습니다. 고독의 시간이 주어지면 시선의 방향이 외부에서 내부로 바뀌는 변화를 경험할 수 있습니다. 고독의 시간이 질문하기 시작하면 자신을 알아갈 수 있습니다. 자신을 알면 가야 할 방향을 정할 수 있습니다. 정해진 방향은 큰 동기 부여로 느껴지며 끈기 있게 실천할 용기를 얻을 수 있습니다. 그런데 아쉽게도 우리에게는 고독의 시간이 없습니다. 도시의 시계는 아침부터 잠들 때까지 쉼 없이 움직이며 무엇인가 하도록 등을 떠밀고 있습니다. 하지 않고 있으면 뭔가 뒤떨어지고 있는 것 같은 불안감을 부추기며 자꾸자꾸 무엇인가를 하게 합니다. 자신의 느낌은 온데간데없고 다른 사람의 손에 끌려 어딘가로 흘러갑니다. 왜 우리는 그렇게 끌려 다녀야만 할까요?

내면의 힘이 부족하기 때문입니다. 자신만의 가치관을 가지면 외부의 장애에 대항할 수 있습니다. 내면의 힘은 그냥 얻어지는 것이 아닙니다. 내부를 바라보는 시선으로 내면에 접속해야 합니다. 그러려면 고독의 시간이 필요합니다. 외부와 단절된 환경을 반복적으로 접할 때마다 뇌는 내면으로 향합니다. 외부와 연결된 환경을 불규칙적으로 접할 때 뇌는 외면으로 향합니다. 외면으로 향한 생활은 남과 비교하는 삶으로 자신의 삶에 자신이 없고 남의 시선과 사회의 시선만이 남아 있는 생활을 반복하게 됩니다. 내면으로 향하기 좋은 고독의 공간으로 숲이 많이 이용되었습니다. 과거에 '도를 닦기 위해 산으로 들어간다.'는 말을 들어본 적이 있으실 겁니다. 스님도 해탈하기 위해 산속의 절에 칩거하지요. 고시 준비하러 절에 들어가 공부하는 수험생도 있습니다. 등산을 전문적으로 하는 분들은 등산의 목적을 자신과의 대화라고 이야기합니다. 요즘 등산 하면 알록달록 차려입고 어르신들이 삼삼오오 관광버스에 한가득 타고 이 산 저 산 전망 좋은 곳까지 올라 싸온 도시락과 담근 술을 먹으러 다니는 모습이 떠오릅니다. 하지만 등산의 본래 의미는 산을 통해 자신을 깨닫는 데 있다고 볼 수 있습니다.

우리 아이들에게도 숲은 내부로 접속하는 환경을 만들어줄 수 있습니다. 숲은 외부를 차단하고 자연의 목소리로 가득한 곳입니다. 자연은 생명이 가득한 곳입니다. 생명의 리듬을 온몸으로 체험할 수 있는 곳이 바로 숲입니다. 아이들의 몸과 마음 구석구석 오감을 이용해서 자연의 생명력을 통해 자신의 생명력을 느낄 수 있는 곳인 것입니다.

지금 대부분의 젊은 부모들은 아파트 세대라 어릴 적 자연에서 경험이 적거나 없는 경우가 많습니다. 숲에서 뛰어놀았던 기억보다 공원에서 놀았던 기억, 냇가에서 놀았던 것보다 수돗가에서 놀았던 기억이 떠오릅니다. 실제 경험한 자연보다 책으로 본 자연이 더 많습니다. 경험이나 느낌이 적다 보니 기쁨, 슬픔, 고통, 환희 등의 감정이 부족해집니다. 감정이 부족하다 보니 공감하지 못하는 것은 아이들과의 관계를 매우 어렵게 하고 육아를 힘겹게 만듭니다. 그 대안으로 아이들이 숲에서 오감을 느끼게 하고 자연을 통해 생명을 공감할 수 있는 구심점을 찾는다면, 숲은 부모와 아이가 유대감을 느낄 수 있는 좋은 공간이 될 것입니다.

이제 도시와 숲의 차이점을 몇 가지 살펴보겠습니다.

# 도시 '높은 자극에 반응하는 곳' 숲 '낮은 자극에 반응하는 곳'

아이들에게 좋은 환경이란 스스로 동기 부여가 되는 곳이고 그런 곳은 재미가 필수적입니다. 부모님들은 아이들의 웃는 모습이 좋아서인지 모르지만 아이들에게 다양하고 재미있는 시간을 만들어주고 싶어 합니다. 아이들에게 재미있는 곳이라면 놀이동산과 텔레비전 그리고 핸드폰을 빼놓을 수가 없죠. 그런데 이런 것들이 정말 부모님들이 원하는 삶에 도움이 되는 재미일까요? 이미 부모님들은 경험을 통해 알고 있습니다. 텔레비전보다 책이 아이들에게 좋다는 것을요. '책'과 '텔레비전', '핸드폰'의 관계가 '숲'과 '놀이동산'의 관계와 유사합니다. 지속적인 자극에 노출되어 높은 자극에 반응하는 아이와 소소한 일상의 스치는 자극을 관찰하여 낮은 자극에도 반응하는 아이. 둘 중 어떤 아이가 기나긴 삶을 살아갈 때 행복할까요? 낮은 자극에 반응하는 아이가 행복의 질뿐만 아니라 양까지 뛰어날 것입니다. 높은 자극에 적응한 아이는 더 높은 자극을 원하고 더 자극적인 즐거움을 위해 좀 더 많은 에너지와 더 많은 시간을 더 높은 자극을 만드는 데 써야 합니다.

예를 들어 놀이동산의 롤러코스터를 처음 탈 때는 가장 낮은 롤러코스터를 타도 매우 신나고 재미있습니다. 하지만 몇 번 타다 보면 흥미를 잃어버리게 됩니다. 다음엔 좀 더 줄을 서서 기다려 높은 롤러코스터를 타게 되고 타는 순간과 내린 후 잠시 동안은 매우 신나고 재미있습니다. 막상 타면 5분도 안 되는 즐거움 때문에 높은 자극을 위해 긴 시간 동안 지루하고 재미없는 줄 서기를 포기하지 않는 것입니다. 어떤 직장인들은 퇴근을 위해, 휴가를 위해, 자동차를 사기 위해, 집을 사기 위해 자신이 가진 에너지와 시간을 일하는 시간에 모두 써야 합니다. 그리고 얻는 것은 퇴근 후의 짧은 시간, 짧은 휴가, 짧은 기쁨이지요. 그리고 그 다음 자극을 위해 지루하고 따분한 긴 줄을 다시 서야 합니다.

길가 공원을 떠올려봅니다. 한 아이가 공원 길가에 피어 있는 꽃을 들여다봅니다. 꽃의 줄기와 잎사귀는 초록빛으로 시원하게 쭉 뻗어 있고 꽃잎의 색깔은 분홍과 하얀색 그리고 노랑이 번지듯이 퍼져 있습니다. 만지면 느낌이 마치 고양이털처럼 부드러운지 자꾸만 만지며 웃습니다. 아이는 그 꽃을 그렇게 관찰하며 30분을 넘기기도 합니다. 꽃 옆을 지나던 개미가 눈에 들어왔는지 개미의 발길을 따라 어딘가로 향합니다. 개미의 손길을 따라 자연의 세계로 빠져듭니다. 아이에게 1분 1초도 흥미롭지 않은 시간이 없습니다. 꽃, 나무, 바위, 개미 등을 보며 즐거운 시간을 보냅니다. 어떤 직장인은 자신의 일을 충실히 하며 만족감과 성취감을 느끼며 살아갑니다. 더 나은 일의 성과를 위해 퇴근 시간을 내일을 위한 휴식의 시간으로 여기며 내일을 기다립니다. 지금의 현실에 만족하고 주어진 것에 행복해 합니다.

하루는 24시간입니다. 그 중 높은 자극에 반응하는 아이는 하루에 4시간도 즐겁지 않습니다. 그마저도 점점 더 줄어듭니다. 그러나

낮은 자극에 반응하는 아이는 하루에 20시간을 즐거움을 느끼며 사회에 적응합니다. 일 년으로 바꿔 생각해보면 높은 자극에 반응하는 아이는 365일 중 약 300일 이상을 지루하게 살아가고 낮은 자극에 반응하는 아이는 300일을 즐겁게 살아 갈 수 있습니다. 일 년을 일생으로 바꾼다면 어느 아이가 더 행복한 삶을 살 수 있을지 금방 판단할 수 있을 겁니다. 환경만 잘 만들어준다면 유지를 할 수 있습니다.

생각해보세요. 우리 아이가 높은 자극과 낮은 자극 둘 중에서 어떤 자극에 반응하는 아이로 자라길 원하세요? 어떤 사회인이 되기를 원하세요? 어떤 환경을 만들어주고 싶으세요? 저는 상상이 됩니다. 대부분의 부모님들이 낮은 자극에 반응하는 아이를 원하실 겁니다. 그렇기 때문에 '전자기기'가 아닌 '책'을 봐야 하고 '놀이동산'이 아닌 '숲'에 보내야 더 행복해질 수 있습니다.

## 도시 '닫힌 공간' 숲 '열린 공간'

1996년 가수 화이트가 부른 "네모의 꿈"이란 노래를 기억하실지 모르겠습니다. 가사를 살펴보면 이렇습니다.

네모난 침대에서 일어나 눈을 떠보면
네모난 창문으로 보이는 똑같은 풍경
네모난 문을 열고 네모난 테이블에 앉아
네모난 조간신문 본 뒤
네모난 책가방에 네모난 책들을 넣고
네모난 버스를 타고 네모난 건물 지나
네모난 학교에 들어서면
또 네모난 교실 네모난 칠판과 책상들
네모난 오디오 네모난 컴퓨터 TV
네모난 달력에 그려진 똑같은 하루를
의식도 못한 채로 그냥 숨만 쉬고 있는 걸
주위를 둘러보면 모두 네모난 것들뿐인데
우린 언제나 듣지 잘난 어른의 멋진 이 말
'세상은 둥글게 살아야 해'
지구본을 보면 우리 사는 지군 둥근데
부속품들은 왜 다 온통 네모난 건지 몰라

우리가 느끼든 느끼지 못하든 현재 살고 있는 대부분은 직선의 공간입니다. 직선으로 이뤄진 네모의 공간은 사회가 산업화, 규격화되면서 효용성, 효율성이란 가치로 인해 더 많이 더 깊숙한 곳에 적용되었습니다. 어릴 적부터 경험한 직선의 공간 속에서 아이들은 닫힌 공간에서 살아갑니다. 산부인과, 산후조리원, 어린이집, 유치원, 학교 등 대부분의 시간을 네모난 세상에서 보내게 됩니다. 아주 어린 시절에는 누워서 바라본 천장이 네모이고 어린이집과 유치원의 생활공간에서는 네모난 벽을 마주하며 자랍니다. 좀 더 커서 학교에 가면 네모난 칠판을 주로 바라보며 생활합니다. 아이들은 세상이 모두 네모로 이뤄진 상자 같은 것이라 생각할 수도 있을 겁니다. 아니면 커다란 테두리에 갇혀 있으니 동물원의 동물들처럼 생각조차 하지 않고 그냥 직선과 네모의 세상에서 살아가는 것일 수 있습니다. 하지만 자연이 그런가요? 하늘은 끝도 없이 높고 넓죠. 땅은 어떤가요? 지평선은 저 멀리 곡선으로 흐르고 산은 첩첩산중으로 정상에서 바라보면 굽이굽이 산등성이를 이루며 파도처럼 펼쳐집니다. 사람들은 닫힌 공간보다 열린 공간을 좋아합니다. 일반 등산객들이 산에 오르면 목표를 꼭 정상에 두는 이유도 열린 공간이기 때문일 겁니다. 등산뿐인가요? 생활에도 유사한 사례는 많습니다. 비싸도 전망 좋은 집에 살려고 하고 경치 좋은 곳에서 쉬고 싶어 합니다. 그런데 우리와 우리 아이들은 대부분의 시간을 닫힌 공간에서 살아가고 있습니다. 닫힌 공간은 에너지가 갇혀 있습니다. 닫힌 공간에서 뻗어나간 에너지는 다시 돌아와 부딪치며 상처를 입힙니다. 하지만 열린 공간의 에너지는 한없이 뻗어나가고 상대의 에너지를 받아들이며 편안하게 해줍니다. 한동안 막힌 공간에 있으면 답답한 것은 이런 작용이라고 볼 수 있습니다. 일본 건축가 다카하루 데즈카가 설계한 도쿄의 후지 유치원은 1층으로 지어진 단층 건물입니다. 건물을 위에서 쳐다보면 도넛 모양으로 생겼고 옥상은 마룻바닥으로 만들어져 아이들이 운동경기 트랙처럼 돌 수 있게 만들어져 있습니다. 아이들은 누가 시키지 않아도 옥상에서 하루 평균 4킬로미터를 뛰어놀고 남자아이의 경우 8킬로미터를 달린다고 합니다. 아이들을 모집할 때 유독 이 유치원에서만 건강한 아이들을 뽑는 것은 아닐 겁니다. 우리의 모든 아이들은 평균 4킬로미터를 뛸 수 있는 뛰어난 운동 능력과 에너지를 가지고 태어났으나 발휘할 기회를 주지 못했기 때문입니다. '우리 아이들이 다니는 유치원은 얼마나 아이 자신의 몸을 사용할 수

있는 공간을 제공받고 있나?'라고 생각하면 답답하기만 합니다. 어쩔 수 없는 현실을 감안해서 포기하기보다는 기회가 될 때마다 공원이나 숲과 같은 열린 공간을 아이에게 제공하기를 권해드립니다. 자연을 통해 아이와 부모 모두에게 열린 환경의 해택이 돌아갈 것이라 믿습니다.

## 도시 '고정되고 딱딱한 곳' 숲 '변화하고 부드러운 곳'

숲을 찾은 5살 아이가 한 걸음 한 걸음 관찰하며 오르락내리락하며 언덕을 오릅니다. 한동안 걷던 아이가 멈춰 섭니다. 땅에서 시선을 떼어 몸을 돌려 언덕 아래 걸어온 길을 따라 저 멀리 있는 산을 바라봅니다. 아이가 혼잣말을 합니다. "산은 세모가 아니고 둥글고 납작하네." 아이는 그림의 산도 아니고 선생님의 산도 아닌 자신의 산을 발견합니다. 눈과 귀, 신체의 모든 기관인 오감으로 경험하며 자연의 모든 것들이 직선이 아니라 곡선을 이루고 있다는 것을 알게 되는 것입니다.

도시의 대부분은 인간이 직접 만든 것들로, 고정되고 딱딱한 것들이 넘쳐납니다. 산업화 이후 문화가 만들어낸 것은 차갑고 일률적인 구조로 만들어졌습니다. 아파트의 구조만 보더라도 알 수 있습니다. 모든 아파트는 규격화되어 있어 둥글지 못하고 직선입니다. 그러다 보니 아파트에 맞춘 책상, 옷장, 침대 등 가구들도 냉장고, 세탁기, 텔레비전 같은 가전제품들도 네모난 구조에 맞춰 제작되었습니다. 둥근 책상, 갸름한 옷장, 타원형 냉장고는 매우 구하기 어려운 물건이 되었습니다. 고정되고 딱딱한 것은 변화하기 힘듭니다. 변화하기 힘든 생활은 생각도 고정되고 고정된 생각으로는 창의적이기 어렵습니다. 고정된 것은 스스로 생성, 성장, 퇴화하지 못하고 인간의 손에 의해 만들어졌다가 부서지기를 반복합니다. 순환하지 못하는 문명은 자연에 쓰레기만을 만들어놓습니다.

숲은 변화하고 부드러운 곳으로 자연의 순환에 맞춰 스스로 생성, 성장, 퇴화하고 주변과 상호소통하며 자연스럽게 스며듭니다. 나무는 봄이면 겨울의 추웠던 땅을 녹여 새싹을 돋구고 꽃을 피우고 꽃의 향기를 찾아 나비와 벌이 날아와 열매를 맺게 합니다. 여름이면 성장을 위해 쑥쑥 자라 숲을 우거지게 만들고 가을이면 여름의 성과를 열매로 맺어 자연에 돌려보내고 낙엽을 떨어뜨려 겨우살이를 준비합니다. 낙엽은 겨울을 견디게 하는 따뜻한 이불과 식량으로 스스로 자급자족하고 나비와 벌, 새 등의 도움을 받으며 순환합니다. 동물들도 새끼로 태어나 어미와 함께 살아가다 홀로 독립하여 숲속 식물이나 동물을 먹으며 공존합니다. 성장하며 먹고 배설한 것으로 생태계에 균형을 잡아 생을 마감하고 땅으로 돌아가 흙을 거름지게 합니다. 기름진 흙은 양분이 되어 식물과 동물을 먹여 살립니다. 이와 같이 자연은 변화하지만 큰 순환에 맞춰 진행되어 어디에도 쓰레기는 볼 수 없고 모두 자연의 일부로 돌아갑니다.

　　현대카드, LG하우시스, 현대자동차, 반도건설 등 다양한 분야의 브랜드 디자인을 진행한 디자이너 카림 라시드는 '모든 것은 곡선으로 이루어져 있다'고 했습니다. 그의 디자인에는 유독 곡선으로 이뤄진 디자인이 많습니다. 그 중 대표적인 디자인이 '가르보' 쓰레기통으로 전 세계에 400만 개가 팔려나간 제품입니다. 누구나 쓰는 일반적인 쓰레기통을 곡선의 디자인을 통해 아름다움으로 표현하였고 사람들의 공감을 얻어 많이 사용하게 된 것입니다. 아름다움이 즐거움을 줄 수 있고 곡선은 아름답습니다. 대상을 자세히 관찰하면 곡선의 아름다움을 느낄 수 있습니다. 자연의 모든 것들은 곡선으로 이루어져 있습니다. 꽃, 나무, 곤충, 거미, 파충류, 능선, 구름 할 것 없이 직선은 없고 모두가 곡선으로 이루어져 있는 것입니다.

　　리처드 도킨스는 "현실, 그 가슴 뛰는 마법"에서 '사물은 무엇으로 만들어졌는가?'라는 질문을 던지며 물질의 구성을 설명합니다. 물질을 최대한 작은 크기로 나누면 양성자와 중성자 그리고 전자로 이뤄져 있고, 이를 원자라고 합니다. 둥근 원자는 합쳐져 둥근 분자가 됩니다. 둥근 분자가 여러 개 모여 특정 에너지를 받으면 고체, 액체, 기체 상태로 변한다고 하였습니다. 겉으로 보면 바위가 딱딱한 선과 면 같지만 둥근 분자들의 결합체인 것입니다. 비도 바람도 구름도 모든 자연계의 물질들은 원으로 이루어지고 원은 곡선으로 이루어진 것입니다.

인간의 생체리듬도 물결치듯 둥그스름합니다. 감정도 곡선의 기복이 있습니다. 갑자기 화나고 갑자기 좋게 되는 것이 아니라 천천히 오르고 천천히 내리는 곡선의 형태입니다. 이분법처럼 '이건 선이고 이건 악이다.'라며 느낌이 결정되는 것이 아니라 아침에 천천히 해가 떠서 낮이 되고 정오에 천천히 서쪽 방향으로 내려가며 저녁이 되는 곡선의 흐름입니다. 인간도 아침에 눈을 떠서 활발히 생활하고 정오부터 하루를 마무리하는 리듬에 맞추어 저녁이 되면 쉬는 것이 자연스러운 곡선의 삶인 것입니다.

체험, 학습지, 백과사전, 숙제 등은 문화센터, 어린이집, 학교를 통해 사회가 만들어놓은 '인공적인' 도시의 삶입니다. 거미줄에 신기해하고 지네의 물결치듯 흐르는 발걸음을 보며 감탄하고 나무의 봄, 여름, 가을, 겨울의 변화를 보며 생명을 느끼는 것은 '자연적인' 숲의 삶입니다. 아이가 적응하고 살아갈 도시의 삶도 중요하지만 아이의 삶을 살기 위해 인간의 원초적이고 곡선적인 자연의 삶도 매우 중요하다고 할 수 있습니다.

## 도시 '머리로 생각하는 곳' 숲 '몸으로 느끼고 행동하는 곳'

도시 생활의 대부분은 시각과 청각으로 이뤄져 있습니다. 텔레비전, 핸드폰, 책 등 눈으로 보는 것과 소리도 듣는 것이 정보의 대다수를 이루고 있습니다. 직접 경험해보는 것들은 전체 경험에서 극히 일부일 뿐이지요. 최근 텔레비전 프로그램에서 요리와 음식, 여행에 대한 인기는 대단합니다. 프로그램의 양뿐만이 아니라 '먹는 방송'이라는 단어를 줄여 '먹방'이라고 불리는 프로그램의 내용만 보더라도 사람들이 직접 체험보다 간접 체험을 얼마나 하고 있는지 알 수 있지요. 인터넷 유튜브 등의 개인 방송에서도 먹방 인기는 대단합니다. ASMR이라는 용어도 등장해 먹는 소리를 얼마나 맛나게 하는지 연구하는 사람들도 다수 등장했습니다. 개인방송 청취율을 조사해보면 영역이 다양합니다. 1위 게임, 2위 토이, 5위~6위에 먹방이 들어 있습니다. 직접 게임을 하지 않고 다른 사람의 게임 행위를 쳐다봅니다. 직접 놀지 않고 다른 사람이 장난감을 가지고 노는 것을 봅니다. 직접 먹지 않고 다른 사람이 맛있게 먹는 것을 봅니다. 직접 경험하며 즐기는 시간은 점점 줄고 다른 사람의 즐거움으로 자신의 부족한 즐거움을 채우고 있는 것입니다. 도시의 생활이 점점 더 미디어와 디지털 중심으로 변해가면서 신체를 사용하는 횟수와 빈도가 줄어들고 있는 것입니다. 오감 이상의 감각들이 균형 있게 발전하지 못하고 어느 한 감각에 집중되어 신체의 감각은 퇴화되어갑니다. 퇴화된 감각은 불균형을 이루게 되고 생각의 범위가 확장되지 못하고 좁아지게 됩니다. 휴양림을 찾은 가족이 있습니다. 보통 1박2일로 찾는데 휴양림 중에서 방을 예약한 가족들은 숲과 계곡 같은 바깥에서 활동하는 시간보다 건물 안에서 활동을 합니다. 먹을 때도 집의 주차장과 피크닉 테이블의 범위에서 크게 벗어나지 않고 밥을 먹고 담소를 나누며 주변 경관을 구경합니다. 먼 길을 달려와 눈앞에 가까운 자연이 있어도 인간의 오감 중 일부인 시각 위주로 자연의 일부만을 보고 경험하며 즐길 줄 모르고 돌아가고 마는 것이죠.

과거와 달리 교육 분야에서도 체험이 큰 비중을 차지합니다. 하지만 정해진 환경에서 이뤄지는 체험은 한계가 명확합니다. 레고를 끼웠다 뺐다 하며 체험하는 레고방, 블록을 끼웠다 뺏다 하며 체험하는 블록방, 간단한 레시피로 요리를 만들며 체험하는 아동 쿠킹클래스 등 수많은 체험 공간이 만들어지고 아이들은 사회가 만들어놓은 정형화된 틀 안에서 몸과 머리를 써가며 체험을 합니다. 아이들의 이해 범위는 사회의 틀을 벗어나기 힘듭니다. 하지만 숲은 다릅니다.

　　인류는 원숭이로부터 분리된 오스트랄로피테쿠스에서 현재까지 살아왔습니다. 지구의 49억 년을 1년으로 생각할 때 인류는 12월 31일 11시 30분부터 살기 시작했습니다. 인간은 그로부터 지금까지 약 4,000만 년 동안 자연에 순응하고 적응하며 살아가고 있습니다. 순응과 적응의 시간은 몸으로 직접 경험하는 것입니다. 몸의 경험이 몸 속 깊은 DNA에 남아 자손대대로 이어져갑니다. 몸을 구성하는 DNA로 인해 사람은 자연친화적일 수밖에 없는 것입니다. 숲은 이미 아이들 DNA가 알고 있는 자연의 기준이며 아이들 몸으로 쉽게 느끼는 공간입니다. 자연 친화적 본능이 아이들의 신체에는 담겨 있는 것입니다. 숲에서 햇살, 바람, 비, 눈 등의 환경을 느낍니다. 아이와 함께 있는 동물과 식물도 같은 환경에서 몸으로 모든 감각을 이용해 다양하게 자연을 경험하게 합니다. 이러한 직접적 경험이 바탕이 되어야 시각과 청각에만 갇힌 사고를 벗어나 오감을 이용한 창의적인 사고도 가능한 것이 아닐까요? 탑의 기초가 부족하다면 높이 쌓을 수 없습니다. 한 가지만 이해한 감각은 탑의 기초가 외다리로 서 있는 것과 같습니다. 다양한 감각으로 경험한 여러 개의 다리가 골고루 있어야 탄탄한 기초가 되어 튼튼한 것입니다. 도시만을 안다면 자연의 다른 세상을 이해하는 데 어려움이 있는 것은 너무나 당연한 일입니다. 인간의 기본은 도시가 아닌 자연이고 머리가 아닌 몸이라 생각합니다.

## 도시 '일방적, 수동적' 숲 '상호작용적, 능동적'

부모와 아이의 성장에 매우 중요한 관계를 애착이라고 표현합니다. 애착은 가까운 사람에게 강한 유대감을 형성하는 것이라 정의하고 있습니다. 가까운 사람과의 유대관계는 마음의 안정을 주기 때문에 스스로 성장하기 위한 중요한 기초가 됩니다. 평범한 가정의 아이들은 보통 부모에게 애착을 보이며 그중 더 가까운 사람에게 더 애착을 느끼게 됩니다. 많은 친구들은 부모 외에도 애착을 보이는 것이 있는데 보통은 인형 등의 사물입니다. 아이들은 움직이지 않는 물건에도 상호작용하는 능력을 가지고 있는 것입니다.

도시에 있는 대부분의 것들은 일방적입니다. 인간이 만들어놓은 것 중에 소통할 수 있는 것은 없습니다. 생명이 없기 때문이지요. 집안을 둘러보십시오. 책상, 의자, 텔레비전, 창문, 커튼, 스탠드, 싱크대, 식탁, 침대 등 모든 물건들은 자기 자리에 늘 있습니다. 자리에 일어나 다른 곳에 가 있지 않고 늘 그 자리에 있습니다. 말을 걸지도 않고 쳐다보지도 않습니다. 변화하지 않고 그대로 있다가 어느 순간 변화를 느끼면 교체 시기로 생각하고 새로운 것으로 바꾸게 됩니다. 도시의 물건은 스스로 작용할 수 있는 것이 없기 때문입니다.

아이들은 다릅니다. 인형과도 대화하고 로봇과도 대화하고 이불과도 대화합니다. 자신의 옆을 지켜주는 대상이 있으며 그 대상을 의인화해서 애착을 형성합니다. 애착관계는 마음을 편하게 해주고 도전할 수 있는 성장의 기반을 단단하게 만들어줍니다. 어려운 일이 생겼을 때 사람들은 상담소를 찾아가 자신의 어려움을 털어놓으며 답을 구합니다. 상담원은 이야기를 열심히 경청하며 중간중간 적절한 질문을 통해 계속 이야기를 하도록 유도하고 스스로 해답을 찾을 수 있도록 돕습니다. 해답이 아니라 하더라도 끊임없는 질문과 대답 속에 실마리를 찾게 되는 경우가 많습니다. 아이들도 마찬가지로 애착 대상과 끊임없는 질문과 대답을 반복하며 성장의 기초를 쌓아가는 것입니다.

자연은 상호작용을 합니다. 아이는 나무를 어루만지고 풀과 이야기 나누며 바위를 바라보며 대화합니다. "이상해 보인다고요?" 나무와 대화하는 어른을 상상하면 이상해 보일 수 있습니다. 대신 아이를 떠올려보면 이상하다는 생각이 덜 들 것입니다. 우리는 모두 예외 없이 어린 시절을 거쳐 성인이 되었습니다. 그 과정에서 우리는 자연과의 교감이 가능하다는 것을 느낌이 아닌 책을 통한 지식으로 배운 경험이 있습니다. 꼬마 제제의 동심과 성장 배경을 다룬 명작『나의 라임 오렌지 나무』, 잡히지도 않고 갈 수도 없는 먼 거리에 있는 큰 바위 얼굴을 보며 정직하게 자라난 어니스트의 성장´ 이야기『큰 바위 얼굴』, 호랑이와 함께 작은 보트를 타고 바다를 건넌 파이의 모험 『파이 이야기』등 사람들에게 감동을 주고 호평을 받은 수많은 작품을 통해 자연이 인간과 소통할 수 있다는 것을 쉽게 알 수 있습니다. 부모님이 된 성인들은 전혀 자연과 교감하지 못하는 걸까요? 과거를 돌아보면 종교적 성향의 토테미즘, 샤머니즘, 애니미즘 등으로 시작해서 마을의 수호신 서낭당의 신목 등으로 자연과의 소통을 중요시해왔습니다. 당시에는 먹고 살기 위해 자연에서 수확한 생산품이 중요했던 시절이었습니다. 생산물을 많이 얻을 수 있는 농사는 생활의 기본이었습니다. 농사는 자연에 순응하는 것이 중요했던 시절입니다. 먹고 사는 걱정이 없는 지금도 우리는 상호작용하고 있습니다. 애완동물을 통해 생활의 활력을 찾고 마음을 나누는 상호작용을 하고 있는 것입니다. 이제는 육체적인 걱정보다 정신적인 걱정이 늘어나 다시 자연에 의지하는 상황인 것입니다.

지금 우리는 가로수와 대화할 수 없습니다. 집 근처 공원의 수많은 생명과도 대화할 수 없습니다. 도시의 삶은 일방적입니다. 대화하고 상호작용하는 방법을 잊게 만듭니다. 어린 시절 누구나 가지고 있던 교감 능력은 점점 도시화 과정을 통해 사라져가고 남의 시선에 맞춘 문화에 따라 도덕적이고 규범적으로 살아갑니다. 자연은 점점 사물이 되어가고 일방적 대상으로 남게 됩니다. 봄을 맞아 집에 데려온 식물은 1년을 넘기지 못하고 죽습니다. 내년 봄에 다시 삽니다. 죽이고 사는 행동을 매년 반복합니다. 체험학습 때 나눠준 장수풍뎅이는 몇 달을 집 한쪽에 있다 죽은 뒤에 발견되어 쓰레기통에 버려집니다. 과정에 감정은 없습니다. 그냥 물건을 버린 것입니다. 우리의 아이들이 사랑을 느끼게 하고 싶다면 자연을 느끼게 해야 합니다. 공원에 나가 개미를 보고 나무를 만지고 흙을 밟으며 소통해야 합니다. 소통해야 관계가 만들어지고 관계가 만들어져야 사랑할 수 있기 때문입니다.

## 도시 '소비 문화' 숲 '생산 문화'

도시는 '소비 문화'입니다. 도시는 서비스를 끊임없이 생산하고 소비합니다. 자본주의가 성공하고 유지할 수 있는 체계는 재화의 순환에 있기 때문입니다. 마트에 가면 수많은 상품들이 종류별로 늘어서 있습니다. 아이와 부모가 선택해주기를 기다리며 일렬로 서 있는 것입니다. 그 중 아이들의 관심을 끄는 것은 단연 장난감입니다. 장난감들은 한쪽 코너에서 많은 공간을 차지하며 아이들을 유혹합니다. 공간을 채우기 위해 아이의 장난감은 끝도 없이 만들어집니다. 레고와 블록같이 가변적인 것도 있지만 ○○로봇, ○○자동차, ○○놀이기구 등의 완제품들이 점점 더 늘어납니다. 먹고 입는 생활을 위해 매주 정기적으로 들르는 마트는 소비를 습관화합니다. 소비된 장난감은 며칠 아이의 손에서 놀게 됩니다. 지난주에 구입한 장난감은 이번 주에 구입한 장난감에 밀려 어딘가로 치워지고 아이 손에는 새로 산 장난감이 놓여 있습니다. 쌓여가는 장난감은 어느 순간 재활용품으로 처리되거나 이웃집에 주거나 그도 안 되면 쓰레기통으로 버려집니다. 소비는 소비를 부르며 주기적으로 공간을 쓰레기로 채웠다 비우기를 반복합니다. 주기적 소비를 하기 위해서는 많은 돈이 필요합니다. 많은 돈을 만들기 위해 하기 싫은 일을 많은 시간을 들여 해야 합니다. 내가 원하는 소비가 아닌 남이 원하거나 소비가 원하는 소비를 하면서 많은 시간을 소비합니다.

자연은 '생산 문화'입니다. 모든 생물은 필요한 것을 스스로 생산하고 필요한 만큼 소비하며 생활을 영위합니다. 거미는 알에서 깨어나 높은 나무를 타고 올라 자리를 잡습니다. 자리를 잡고 자신의 배에서 실을 뽑아 거미줄 집을 짓습니다. 거미줄로 잡은 곤충들을 잡아 저장하고 먹습니다. 거미는 스스로 모든 것을 생산하며 생활해갑니다. 나무도 그렇습니다. 나무는 뿌리로 줄기로 가지로 잎으로 에너지를 생산하며 생활해갑니다. 아이도 마찬가지입니다. 자연과 가까운 아이일수록 소비가 아닌 생산을 좋아합니다. 과거 EBS교육방송에서 두 그룹의 유치원생들을 대상으로 놀이에 대한 실험을 진행했습니다. A그룹은 누가 봐도 좋고 비싼 완제품 장난감을 주어 놀게 하였고 B그룹은 재활용품을 가득 놔둔 곳에서 놀게 하였습니다. 이 실험은 어느 그룹의 아이들이 더 몰입도 있는 놀이를 하는 것인가를 묻기 위한 실험이었습니다. '누가 진짜 놀이를 하고 있느냐?'는 것입니다. 결과는 부모와의 기대와는 달리 B그룹의 아이들이 더 많은 시간을 더 오래 자신이 만든 장난감을 가지고 놀았다는 것입니다. 아이들은 기본적으로 자신이 생산한 것들을 좋아합니다. 아이에 관심을 가지고 지켜보면 스스로 만든 것에 애착을 느끼는 것을 알 수 있습니다. 아이들의 이런 특성은 축제, 체험방 등 체험 현장을 보면 쉽게 알 수 있습니다. 부모가 보기엔 별로 대단해 보이지 않는 컵, 그림, 비누 등인데도 아이들은 쉽게 생각하지 않습니다. 아이들만 그런 건 아닙니다. 성인인 부모들도 애착이 가는 물건들이 있습니다. 오래된 시계, 지갑, 보석, 일기장, 만년필 등 오랜 시간을 함께하며 쌓인 이야기로 인해 추억이 있는 물건들이 있습니다. 어떤 시계에는 첫 연인의

풋풋함이 있고 오래된 보석에는 부모의 추억이 있고 오래된 만년필에는 은사의 따뜻한 눈빛이 있는 것입니다. 대상에 생산적인 시간이 쌓이고 관계가 형성되면 우리에게 무엇보다 소중한 것이 되는 것입니다. 시간의 길이에 따라 관계의 깊이가 달라집니다. 과거 연애 시절을 생각해보면 됩니다. 그 멀던 거리도 피곤하지 않고 헤어져도 밤늦게까지 통화하던 그때 말입니다. 사랑하는 사람과 만나면 피곤하지 않습니다. 통하는 사람과 만나도 피곤하지 않습니다. 대상과 만나는 시간이 길면 길수록 생각한 시간이 많으면 많을수록 관계는 깊어지고 넓어집니다.

강수돌 교수의 『나부터 교육혁명』에서는 생태적, 사회적 건강성은 약간의 불편함과 귀찮음을 기꺼이 감수할 때 가능하다고 했습니다. 소비로 사는 것보다 직접 해보며 생산하는 생활이 더 건강한 삶이라는 것입니다. 실제로 시골 생활을 해보면 농사를 짓거나 밥을 짓는 생활 과정에서 불안과 두려움이 사라지는 것을 볼 수 있습니다. 불안이 사라지면 행복해지고 행복해지면 감성적이 됩니다. 감성이 높아지면 감수성이 높아져 정신적으로 성장하게 되는 것입니다.

소비는 시간을 뺏습니다. 생각할 공간을 좁게 만들고 몸의 에너지를 뺏습니다. 그러나 생산은 시간을 씁니다. 생각의 공간을 넓히고 몸의 에너지를 채웁니다. 공간과 에너지로 사랑을 만들고 순환시킵니다. 생산하는 문화는 쓰면 쓸수록 채워지고 소비하는 문화는 쓰면 쓸수록 비워집니다. 공허합니다. 도시도 순환하고 자연도 순환합니다. 같은 순환이지만 방향이 다른 순환입니다. 자연은 사랑의 순환이며 소통하는 순환입니다. 아이가 긍정적 순환을 배우기 위해 숲으로 꼭 가야 하는 이유입니다.

## 도시 '과욕, 넘치는 곳' 숲 '중용, 적당한 곳'

도시는 물질이 '넘치는 곳'입니다. 인간의 욕심은 끝이 없어 도시에 많은 것들이 넘쳐나게 합니다. 아파트, 차, 음식, 옷 등 넘치지 않는 것이 없으며 매주 마트에서 음식을 한가득 카트에 실어 나릅니다. 퇴근 후에는 인터넷 쇼핑몰에서 사고, 사고 또 사서 집안에 채우고 머리에 채웁니다. 더 이상 공간이 없는데도 채우는 사람이 많아 정리 컨설턴트라는 직업도 생겨났습니다. 아이도 장난감을 사고, 사고 또 사서 공간을 채웁니다. 끝이 없는 욕심은 어느새 부모를 닮아갑니다. 주변과의 비교가 심해져 다른 사람이 인정하는 더 좋은 직장을 가져야 합니다. 다른 사람이 보고 놀라는 더 좋은 물건을 가져야 합니다. 경쟁심은 과욕을 부추깁니다. 아이의 놀이도 평범하지 않아야 합니다. 놀이는 체험이란 이름으로 불리며 소비됩니다. 그림, 농구, 요리, 수영 등 부모들은 체험이라 부르며 아이들에게 놀이를 소비합니다.

공자가 말하길 '과유불급(過猶不及)'이라고 했습니다. '과유불급'의 뜻은 지나친 것은 부족한 것만 못하다는 말로, 중용을 강조한 말입니다. 유사한 말로, 불가에서는 '중도(中道)'라 일컬어 어느 한쪽으로 치우치지 않는 바른 길을 말합니다. '중도'는 스님들이 수도를 할 때 매우 중요한 실천 덕목으로 삼고 있습니다. '중용'과 '중도'를 생활화하려면 자신의 위치를 수시로 살펴 적당한지를 돌아봐야 합니다. 도시는 자신을 보기보다는 주변의 빠른 속도에 시선을 맞춰 따라가느라 정신이 없습니다. 그러다 잠시 멈출 때 생각을 하게 되고 깨닫습니다. 무엇인가 잘못된 느낌을 가지게 됩니다. 모든 것이 과하다 느끼게 됩니다. 우리는 이미 알고 있습니다. 우리의 삶이 과하다는 것을 말입니다. '중용'이 삶의 미덕이고 모두의 행복에 부합하다는 것을 말입니다. 머리는 생각하지만 실천하기 어렵습니다. 특히 도시에서는 쉽지 않습니다.

숲은 서로 '적당한 곳'입니다. 숲에서는 모두가 적당한 관계를 유지하며 함께 살아갑니다. 느티나무가 50미터만 클 것을 욕심을 부려 100미터씩 크지는 않습니다. 숲에 가면 혼자 독불장군처럼 유난히 키 큰 나무를 보기 힘듭니다. 혼자 키가 크면 벼락을 맞아 쓰러지거나 센바람 등을 만나 부러지기 때문입니다. 나무는 서로 바람을 막아주고 적당한 거리만큼 가지를 뻗어 상호간의 거리를 존중합니다. 나무는 서로 함께 크며 더불어 살아갑니다.

먹이사슬도 상호 적당한 관계를 유지하며 조절합니다. 토끼가 많아지면 풀이 줄어들어 땅이 황폐해집니다. 늑대가 적당히 있으면 토끼는 적당한 수를 유지하고 풀도 적당히 자라 땅을 기름지게 하고 숲을 키워 다양한 생명을 보듬습니다.

　1900년대에 옐로스톤 국립공원에서는 늑대가 피해를 준다고 생각해서 사냥꾼들이 인위적으로 늑대를 마구 잡아들이기 시작했습니다. 그렇게 잡아들인 늑대는 6년 만에 사라졌다고 합니다. 그 뒤 사슴과 코요테들이 풀과 작은 짐승들을 닥치는 대로 먹어댔습니다. 나무는 자라지 못하고 땅은 황폐해졌습니다. 뒤늦게 늑대를 다시 데리고 왔습니다. 그 결과 늑대가 사슴과 코요테를 사냥하며 개체 수를 줄이게 되었고 다시 다양한 동식물이 함께 살아가는 풍요로운 숲이 되었다고 합니다. 생태계는 적당한 관계를 유지함으로 인해 서로 공존합니다. 공존함으로 인해 평화롭게 윤택한 환경을 유지할 수 있습니다.

　도시는 '넘치는 것'을 멈출 수가 없습니다. 멈춰본 적이 없고 경험해보지 않은 '적당함'은 매우 어렵게 느껴지기 때문입니다. 숲은 멈출 수 있습니다. 숲은 자연의 흐름에 따라 '적당한' 시간으로 흐릅니다. 비가 더 빨리 내릴 수 없고 나무가 더 빨리 자랄 수 없습니다. 바위가 더 빨리 흙이 될 수 없습니다. 자연은 '적당함'을 배우고 느끼며 스스로를 관찰할 수 있습니다. 적당함을 느끼기 위해, 아이들이 자연에 가야 하는 이유입니다.

## 도시 '추상적 사고' 숲 '구체적 사고'

도시는 '추상적 사고'를 주로 하는 곳입니다. 국어, 영어, 수학, 돈 등 추상적인 정보를 주로 다룹니다. 정보를 잘 다루는 방법을 지식이라 부르며 어릴적부터 가르칩니다. 어린이집에서부터 상급학교로, 진학하며 점점 더 추상적인 사고를 강조하며 학습합니다. 근래에는 체험이라는 이름으로 추상적인 사고보다 구체적인 사고를 요하는 과정이 늘어났습니다. 얼마 전까지만 해도 유치원부터 다양한 학습지를 통해 지식을 주입하는 교육이 일반적이었습니다. 지금도 비중의 문제일 뿐 많은 부모들이 아이들에게 학습지를 하도록 유도하며 기존의 지식을 미리 배우도록 강요하고 있습니다. 유아와 아동기에는 신체를 적극적으로 사용하여 구체적 사고를 통해 상상력을 키우는 시기임에도 미래를 위한다며 추상적 사고를 배우는 것입니다.

지식은 과거의 정보를 배우는 것입니다. 지식으로 미래를 준비한다고 생각하지만 지식에 의한 공부는 창의적 미래를 준비하지 못합니다. 과거의 지식은 기존의 문화가 알고 있는 정보에 의존하여 만들어진 것입니다. 기존의 문화가 많은 것을 알아냈지만 자연의 아주 일부분에 불과합니다. 인류가 자연의 아주 작은 일부라는 점을 인식하는 것이 중요합니다.

문화의 지식에 갇히면 마치 도시가 세상의 전부인 듯 착각하는 오류에 빠질 수 있습니다. 아이를 가진 집이라면 모두 가지고 있을 것 같은 자연 관련 백과사전을 보면 알 수 있습니다. 개미를 표현한 책에는 개미 삶의 아주 작은 부분만을 표현해놓았습니다. 먹고 자고 싸우고 정도의 생활상을 보여줍니다. 걷는 것도 사진이나 그림으로 일부분을 보여줍니다. 개미는 거꾸로 갈 수 있는지? 나무를 오를 수 있는지? 물에도 갈 수 있는지? 다양한 궁금증을 만들어내지 못하고 수동적으로 받아들이게 됩니다. 공원에서 본 개미라면 땅을 지나가는 모습도 보고 나무를 오르는 모습도 보고 물에 빠진 모습도 보면서 개미에 대한 다양한 호기심을 자극할 수 있습니다. 호기심은 새로운 지식을 쌓아가는 동기를 만들고 기존의 지식을 쉽게 받아들일 수 있게 합니다.

이와쿠라 신야의 『1분 혼다』에서는 '구경하는 눈'과 '관찰하는 눈'은 다르다고 했습니다. 그 기준은 목적이 있느냐 없느냐로 판가름 되며 구경보다 관찰하는 눈을 가져야 한다고 강조했습니다. 구경하는 눈은 사물을 자세히 보지 못합니다. 관찰하는 눈은 사물을 구체적이고 세세하게 바라봅니다. 구경하는 눈은 시각적 자극에 멈춰 호기심을 이끌어내지 못하고 관찰하는 눈은 사물의 자체와 주변, 시간 등의 상호관계를 생각하며 호기심을 만들어냅니다. 호기심이 없는 삶과 있는 삶, 더 넓은 세상이 있다는 것을 모르는 것과 아는 것은 진정한 삶을 살 수 있는가 없는가의 차이처럼 크게 느껴집니다.

자연은 '구체적 사고'를 주로 하는 곳입니다. 숲의 향기, 빛깔, 온도, 습도 등을 느낍니다. 자연에서는 과거도 미래도 아닌 현재가 중요합니다. 줄지어 가는 개미가 중요하고 강아지풀이 중요합니다. 비가 내려 생긴 물줄기가 중요하고 바람이 불어 나부끼는 나무가 중요합니다. 흙의 색깔이 중요하고 물의 차가움이 중요합니다. 중요한 이유는 궁금하기 때문입니다. 궁금한 이유는 자세히 바라봤기 때문입니다. 『창작 면허 프로젝트』의 대니 그레고리는 창조는 관찰에서 시작된다고 했습니다. 자연의 순수한 창조를 깨닫기 위해 발견하는 눈이 필요합니다. 그는 "나무는 자신이 하는 일에 조건이나 이유를 달지 않고 그냥 할 뿐인데 우리는 왜 이것저것 따져야 하나요?"라는 물음으로 모든 생명에는 창조성이 있다고 강조했습니다. 자연이 이미 가지고 있는 능력을 발견하는 눈이 필요한 것입니다. 그림을 그리며 발견하는 눈을 만들 수 있습니다. 그림 그리는 것은 관찰로 시작되는 구체적 사고입니다. 우리가 원하는, 아니 이미 가지고 있는 창조 능력을 위해서는 반드시 관찰하는 구체적 사고가 있어야 합니다. 사람들은 봄에 화려하고 수수하기만 한 꽃을 보고 감탄합니다. 여름에는 소나기에 시원한 느낌을 받기도 하고 뜨거운 태양빛 아래 시원한 강물을 보며 감탄합니다. 가을에는 붉고 노랗게 물든 다양한 단풍을 보며 감탄합니다. 겨울에는 눈 덮인 가지를 보며 감탄합니다. 한 예술가는 "저런 신비한 색감과 형태는 어디서 오는 걸까? 아무리 좋은 물감을 조색해봐도 본연 그대로의 색감을 따라갈 순 없어요."라고 이야기합니다. 감탄은 관찰에서 시작됩니다. 자세히 봐야 알 수 있으며 '구체적'으로 바라봐야 느낄 수 있습니다. 숲에 가서 정상을 향해 등산을 하면 볼 수 없는 것들이 천천히 둘레길을 걸으면 보이는 것입니다. 목표만을 바라보다 가면 주변의 작은 꽃도 지저귀는 새들도 스쳐가는 바람의 향기도 느껴보지 못합니다. 하지만 천천히 숲길을 걷다 보면 작은 소리, 작은 향기, 작은 촉감에도 반응하게 되어 숲의 다양한 생명들을 관찰하며 느낄 수 있습니다.

## 도시 '주변'을 의식하는 곳, 숲 '자신'을 바라보는 곳

도시에서는 '주변'을 의식하며 생활합니다. 인류는 예로부터 사회를 이루고 살아왔으며 적자생존의 엄한 자연생태계에서 발전을 이루어왔습니다. 오래 전에는 수가 적었지만 발전을 거듭해오며 그 수가 불어나게 됩니다. 초기에는 수렵을 위해 이동을 하다 보니 수가 적었습니다. 농사를 본격적으로 시작한 청동기 시대에 들어서야 100명 이상의 부족이 생성되며 구성원이 모여 사회를 이루게 됩니다. 그 후 지속적으로 사람들은 모여살기 시작하고 중심지가 생겨나게 됩니다. 폭발적으로 늘어나는 시기는 물질이 풍족해지는 산업화 시대로 여겨집니다. 증기기관의 발명으로 산업화를 이루게 되고 교통이 발달하며 사람들은 더욱더 많이 모여 살게 되었습니다. 지금의 도시는 눈만 뜨면 주변에 사람이 가득합니다. 사람이 가득하게 되면서 인간관계는 더욱 복잡해지고 사회생활도 복잡해집니다. 혼자만의 생각으로 살아가기 힘들어지고 교육을 통해 도덕과 법규를 배웁니다. 자연스럽게 다른 사람의 시선을 의식하지 않을 수가 없는 것이지요. 모든 행동과 생각을 사회가 생각하는 것과 다르게 할 수 없게 됩니다. 다른 사람이 사는 것은 나도 사야 하고 다른 사람이 하는 것은 나도 해야 할 것 같고 다른 사람이 먹는 것은 나도 먹어야 될 것 같은 생활 속에 살아갑니다. 그렇게 계속해서 남과 비교하는 삶을 강요당합니다.

　자연은 '자신'을 바라보며 성장하고 자연의 생태계는 스스로 자신의 자리에서 최선을 다합니다. 작은 나무가 태양을 향해 줄기를 뻗을 때 주변의 나무를 따라하지 않고 자신만의 방법으로 최선을 다해 자랍니다. 작은 키의 나무는 큰 나무보다 먼저 꽃과 잎을 피워 광합성을 합니다. 큰 나무는 하늘의 공간을 더 많이 차지하기 위해 줄기와 뿌리를 뻗어나갑니다. 작은 나무가 큰 나무를 흉내 내지 않고 자신이 가야 할 길을 믿고 꿋꿋이 성장해갑니다. 등산을 전문으로 하시는 분이나 취미지만 깊이 있게 산을 타는 분들은 '산악인의 선서'라는 선언을 들어보셨을 것입니다. 이 선서는 작가이자 사학자이며 12년간 한국산악회회장을 지낸 노산 이은상님에 의해 1967년에 지어진 것으로 지금까지 많은 산악인들의 활동지침이 되고 있습니다. 내용은 이렇습니다.

　　산악인은 무궁한 세계를 탐색한다.
　　목적지에 이르기까지 정열과 협동으로

온갖 고난을 극복할 뿐 언제나 절망도 포기도 없다.

산악인은 대자연에 동화되어야 한다.
아무런 속임도 꾸밈도 없이,
다만 자유, 평화, 사랑의 참 세계를 향한 행진이 있을 따름이다.

선서에서도 엿볼 수 있듯이 등산은 포기하지 않는 강한 열정과 자연과의 교감 그리고 자신과의 대화로 요약할 수 있습니다. 그렇게 숲은 자신을 바라보는 창의 역할을 합니다. 산악인들은 등산을 자신과의 대화라고 했습니다. 과거에는 등산도 사회도 혼자만의 시간을 충분히 누릴 수 있었고 자연과 교감하는 시간도 나름 충분했습니다. 입산을 하면 사람을 자주 보기 어려워 만나는 사람마다 인사를 나누고는 했습니다. 우리의 어린 시절과 부모님의 어린 시절은 논밭으로 산과 들로 뛰어놀 수 있는 시간과 공간이 있었습니다. 자연과 교감하며 생각할 수 있는 여유가 있었습니다. 하지만 지금은 등산인구가 많아졌습니다. 산이 휴양지로 바뀌어 주말마다 관광버스로 '묻지 마' 산행을 위해 사람을 모아 산에 오릅니다. 산에 온 사람들은 사진을 찍고 음식을 먹고 술을 마시고 노래를 부르고 유흥에 빠졌다가 돌아오는 차에 무거운 몸을 싣고 돌아옵니다. 등산에 대한 이미지는 자연과의 교감, 자신과의 대화에서 놀고 먹고 마시며 즐기기 위한 서비스나 도구로 생각되고 있습니다.

등산은 자연을 만
나러 가는 것입니다.
자신과 동등한 생명
을 만나며 스스로에
게 질문을 하기 위한
공간입니다. 『큰 바
위 얼굴』의 작가 호손은 "위대한 직업처럼 보이는 것에도 자연이 가
르치는 진리보다 위대한 것은 없다"는 가르침을 소설을 통해 알려주
고 있습니다. 주인공 어니스트는 자연을 떠난 적도 큰 바위 얼굴로부
터 멀어진 적도 없이 오롯이 자연의 일부로서 세상을 살아간 인물로
등장합니다. 바위에도 생명을 느끼며 대화하고 스스로 성장하는 것
은 미신적인 것도 아니고 가상의 것도 아닌 실제 일어나는 현상인 것
입니다. 비전퀘스트(vision quest)라는 프로그램은 북미 인디언 부족에
서 행해진 남자의 의례로 몇 날 며칠을 숲에서 생활하며 자신과의 대
화를 통해 성인이 되는 의식입니다. 이를 현대화하여 해외에서는 다
양한 프로그램들이 진행되고 있으며 국내에서도 국립횡성숲체원 등
에서 국내화해서 운영되고 있습니다. 비전퀘스트를 통해 자연과 교
감하며 자신을 바라볼 수 있는 기회를 제공하여 자신의 길을 갈 수
있도록 하는 것입니다. 자연과의 교감이 어렵게 생각되지만 쉽게 생
각하면 충분한 휴가로 도착한 '별장'이라고 생각하면 좋겠습니다. 도
시에서 복잡한 삶에 지치면 자연에 가고 싶어집니다. 자신만의 별장

에서 자연을 바라보며 충분히 쉬면서 휴식을 취하는 것이 자신을 바라보는 시작이 됩니다. 아이들은 늘 자연에 있습니다. 스스로의 호기심을 충족하기 위해 바쁩니다. 핸드폰 등 도시의 화려함에 빠져들어 다른 것을 보느라 자신을 보지 못하게 되기 전에 자연을 통해 자신을 좀 더 들여다볼 수 있도록 건강한 환경을 만들어줘야 하는 이유입니다.

## 도시 '물건'으로 이루어진 곳, 숲 '생물'로 이루어진 곳

도시는 물건으로 만들어진 곳, 인간만이 유일한 생명이며 창조주로 물건을 만들어냅니다. 의식주를 해결하기 위해 옷을 만들고 음식을 만들고 집을 짓습니다. 편리함을 추구하기 위해 냉장고를 만들고 자동차를 만들고 청소기를 만듭니다. 욕망을 채우기 위해 보석을 만들고 장신구를 만들고 더 비싼 물건들을 만듭니다. 인간에 의해 만들어진 물건에는 살아 숨 쉬고 활동하는 생명의 기운이 없습니다. 인간이 만든 것 중에는 생명이 없습니다. 생물을 만들 수 없기 때문에 나무를 심고 애완동물을 기르며 자연을 빌려옵니다. 도시 생활을 하다 보면 마치 인간이 자연을 언제든 만들 수 있다는 듯 생각할 수 있지만 그렇게 할 수 없습니다. 단지 땅과 하늘의 힘을 빌려 키운 생명을 옮긴 것에 불과합니다.

도시에서 생활하는 것은 자연계의 극히 일부를 경험하는 것으로 우리나라는 산이 전국토의 67% 이상을 차지하고 있을 만큼 거대한 자연을 이미 가지고 있습니다. 국내뿐인가요? 대륙을 감싸고 있는 바다인 오대양을 생각해보면 인간은 자연에서 아주 미미한 존재일 뿐입니다. 그런데도 인간은 어린 시절부터 도시생활로 인해 자연의 범위를 인식하지 못하고 생물에 대한 이해와 느낌이 없는 어린 시절을 보내고 책과 텔레비전으로 자연을 간접 경험하고 있습니다. 자연을 직접 경험하지 못한 아이가 생명에 대한 소중함을 얼마나 느낄 수 있을까요? 사랑해보지 않은 사람이 사랑하는 마음을 완전히 이해하지 못하듯이 그 경험의 차이는 행동으로 크게 나타날 수 있습니다. 환경저술가인 엠마 마리스는 만지지 않는 것은 그 어떤 것도 사랑할 수 없다며 자연을 만지고 자라야 한다고 이야기합니다. 도시의 아이들은 자연을 접할 기회가 점점 사라져가고 자연을 사랑할 기회마저 잃어가고 있습니다.

도시의 가로수는 수시로 죽고 새로운 나무로 바뀝니다. 커다란 나무로 우뚝 성장한 가로수는 도시가 본격적으로 들어서기 전에 심어진 경우가 많습니다. 도시가 들어선 후에 심어진 가로수는 갑갑한 환경에 적응하지 못하고 죽어갑니다. 주변을 살펴보십시오. 나무의 뿌리는 갑갑한 아스팔트나 시멘트 혹은 벽돌로 둘러싸여 있습니다. 더 이상 뻗어나갈 수 없는 나무는 더 성장할 수 없습니다. 나무 주변의 공기에는 자동차 매연, 공장의 연기, 요리 시 연기 등 각종 오염물질이 가득합니다. 자랄 수 없는 나무들은 조경이란 이름으로 매일 수 없이 뽑히고 심어집니다. 스스로 죽음을 맞이하는 경우는 그나마 나은 경우입니다. 도시계획이라도 하는 경우에는 인간을 위해 공간을 내어주어야 합니다. 30년이든 50년이든 살았더라도 그 자리를 내주어야 합니다. 점점 더 도시인들은 자연에 겸손하기보다 자연의 모든 것을 다 경험하여 알고 있고 모두 만들 수 있다고 생각하는 것 같습니다. 『내가 믿는 세상』을 쓴 E.F.슈마하는 조잡한 물질주의 철학은 사람을 생각하기 이전에 재물을 생각하도록 유도한다고 했습니다. 불편하고 돈이 많이 든다는 이유로 30년 이상 자란 나무들을 옮겨 심지 않고 베어버리는 도시에서 살아온 아이가 생명에 대한 사랑을 느낄 수 있을까요?

생명은 그 자체로 존엄하다고 합니다. 존엄하다는 것은 인물이나 지위 등으로 범할 수 없을 정도로 높고 엄숙하다는 것을 말합니다. 살아 숨 쉬는 것 그 자체만으로도 높고 엄숙한 것입니다. 아이가 태어나 아무것도 하지 못한다 하더라도 우리는 인간의 존엄성으로 아이를 존중하라 이야기합니다. 하지만 점점 커가는 아이에게 사회는 존엄이 아닌 능력을 요구하며 무참히 존엄을 짓밟습니다. 부모와 아이를 강자와 약자의 상하관계로 볼 것을 강요합니다. 존엄은 가치 있는 것입니다. 아이의 존재 자체가 가치를 가지고 무한의 성장 가능성으로 충분히 활동할 수 있어야 하는 것입니다. 물건의 가치는 스스로 만들 수 없습니다. 일기장을 산다고 노트에 가치가 생기지 않습니다. 일기장에 하루하루의 일들을 차곡차곡 써나갈 때 일기장에 의미가 생기고 가치가 생기는 것입니다. 시계, 옷, 집 등 모든 인간의 물건은 의미가 없는 것입니다. 물건을 사용하는 사람에게 이야기가 되고 가치가 있어지는 것입니다. 물질이 여러 사람에게 가치를 부여하는 것을 예술이라고 합니다. 예술은 자연과 인간의 생명에 대한 본질을 묻고 답하며 깨닫는 것을 표현하는 것입니다. 생명에 대한 공감이 없다면 예술은 창조될 수 없으며 물건에 가치를 부여하기 힘든 것입니다.

능력과 성과, 상하관계를 요구하는 사회는 다수를 가치 없게 만들며 소수를 위해 다수가 불행한 삶을 살아가야 합니다. 자연은 생명으로 인해 존엄합니다. 생명의 가치를 느끼기 위해 우리는 자연을 만질 수 있는 기회를 제공받아야 합니다. 우리가 알지 못하는 생명의 신비는 아주 작은 곳에서 시작해 보이지 않게 큰 범위까지 끝이 없는 지혜를 제공해줍니다. 아이가 자연의 광대한 지혜를 만날 수 없어 알지 못하고 도시 안에서만 안주하며 생활한다면 사랑보다 물질만이 최고라고 생각하는 사람처럼 되지 않으리란 법은 없습니다. 부모님들은 어떤 아이를 원하시나요? 쉽게 돈이면 된다는 아이인가요? 길가에 풀을 보고 예쁘다며 웃음 짓는 아이인가요? 선택은 부모님이 하시겠지만 결과는 아이들이 미래에 져야 할 몫입니다.

## 도시와 숲, 공간이 가진 에너지의 차이

이렇게 도시와 숲은 많이 다릅니다. 도시와 숲의 차이는 공간이 가지고 있는 에너지이기도 합니다. 요즘 인테리어가 유행인 것도 사람들이 공간의 의미를 알게 되었기 때문입니다. 우리는 이미 도시화 되어 숲에 대한 경험이 없는 도시인입니다. 강의를 하면서, "숲에서 유년시절을 경험한 분들 손 들어보세요."라고 하면 10분의 1 정도가 손을 듭니다. 나머지는 아파트에서 생활하고 도시에서 유년시절을 보낸 것입니다. 아이를 키우는 지금의 부모들은 숲에 대한 경험이 없는 경우가 많습니다. 그러니 도시와 숲의 차이를 모르는 경우가 많을 수밖에 없습니다. 근래 TV나 인터넷 정보를 통해 숲에 대한 긍정적인 정보가 확산되고 있습니다. 숲 유치원이 부모들 사이에서 이야기 되고 있습니다. 생태적 생활을 추구하는 생활협동조합인 생협들이 많이 생겼습니다. 웰빙의 대중화로 자연주의적 트렌드가 확대되면서 자연에 대한 관심이 더욱 높아졌습니다. 은퇴자들과 젊은 사람들의 귀농 등 자연회귀현상과 부합하여 과거와는 비교도 되지 않게 '숲'에 대한 관심이 더 많아졌고 재조명되고 있습니다.

아래의 표와 같이 도시와 숲을 비교하면 할수록 하고 싶은 말이 많습니다. 쉬운 비교를 위해 도시와 숲으로 표현했지만 도시와 자연으로 해석해도 무난할 것입니다.

| 도시 | 숲(자연) |
|---|---|
| 높은 자극에 반응 | 낮은 자극에 반응 |
| 닫힌 공간 | 열린 공간 |
| 고정되고 딱딱한 직선 구조 | 변화하고 부드러운 곡선 구조 |
| 머리로 생각 | 몸으로 느낌 |
| 일방적, 수동적 | 상호작용적, 능동적 |
| 소비 문화 | 생산 문화 |
| 과욕, 넘치는 곳 | 중용, 적당한 곳 |
| 추상적 사고 | 구체적 사고 |
| 주변에 집중 | 자신에 집중 |
| 무생물(물건)로 이뤄진 곳 | 생물로 이뤄진 곳 |

자연을 종교로 섬겼던 적이 있습니다. 지금도 자연의 신비에 의해 많은 사람이 감동하고 깨달음을 얻고 있습니다. 우리가 버리지 않는다면, 잃지 않는다면 자연은 여전히 그 자리에서 우리를 기다리고 있습니다. 아이들에게 자연은 더 많은 세상을 볼 수 있는 창이 될 것입니다. 우리가 조금만 더 노력해서 아이들이 자주 자연과 접할 수 있도록 해야겠습니다.

# 아이의 눈으로 보세요

## 꾸준한 숲 체험을 위해 부모의 명확한 철학과 가치관 필요

요즘 숲에서 아이를 키우고 싶다고 물어오시는 분들이 종종 있습니다. 아이들에게 자연을 느끼게 해주고 싶은 부모님들이 점점 더 많아지고 있다는 것이겠지요. 그래서인지 자연을 느끼게 해주는 다양한 자연체험 프로그램이 많고 숲 유치원같이 지속적이고 주기적으로 체험을 하는 기관도 많이 생겨나고 있습니다.

지금 도시의 사람들은 자연과 멀어진 생활을 하고 있습니다. 가깝지만 낯선 것이 숲이고 자연입니다. 스스로 직접 접하지 않은 정보로 숲을 주관적으로 막연히 생각하고 있습니다. 강의 중에 부모님들께 자연에서 아이를 키우고 싶은 이유를 물으면 구체적으로 이야기는 경우가 드뭅니다. 보통은 "그냥 좋을 것 같아서요."가 많습니다. 부모님들이 생각하는 '좋다'는 것은 어떤 것일까요? 무엇이 좋기에 좋다고 하는 것일까요? 좀 더 이야기해보면 두 가지로 요약됩니다. "건강할 것 같아요", "교육적이라서요"입니다. 핵심 키워드는 '건강'과 '교육'입니다.

건강과 교육은 아이들의 성장에 정말 중요한 요소입니다. 이 두 가지는 TV, 잡지, 논문 등 다양한 매체를 통해 숲의 효과로 증명된 것입니다. 자세히 나열하면 이렇습니다. 감각 및 운동신경, 정서적 능력 향상, 적응 행동, 창의적 표현능력, 인지적 능력, 의사소통기술 등이 발달 또는 향상된다고 합니다. 하지만 긍정적 숲의 효과들은 체험의 방법과 환경에 따라 그 효율이 다르게 나타날 수밖에 없습니다.

한번 가본 숲 체험에 아이가 건강할 수 있을까요? 강의식 주입식 숲 체험프로그램에서 창의적 표현 능력이 개발될 수 있을까요? 가만히 생각해보면 쉽게 판단할 수 있습니다. 그럼 어떻게 해야 할까요? 자주, 그리고 자율적으로 해야 합니다. 현재 진행되는 수많은 일회성 프로그램으로는 쉽지 않습니다. 주기적으로 하는 기관은 접하기 어렵습니다. 그래서 가족이 함께 숲에 가야 합니다.

## 숲이 좋지만 못 가는 이유?

숲에서 아이를 키우면 건강하고 교육적 효과가 있다고 했습니다. 이 효과는 자주 가야 하는 지속성이 전제되어야 이룰 수 있는 성과입니다. 책도 그렇지요. 책은 아이뿐만 아니라 어른의 성장에도 도움이 된다는 것은 누구나 알고 있습니다. 그러나 책을 보는 사람은 드뭅니다. 한 권을 읽었다고 갑자기 성장한다거나 10권을 읽었다고 똑똑해지거나 100권을 읽었다고 지혜로워지지 않는 것과 같습니다. 쉽고 재미있는 책을 볼 때는 편안하지만 어렵고 지루한 책은 흥미를 잃기 쉬운 것이지요. 책을 어려서부터 읽히고 싶고 어른이 돼서도 읽어야 한다고 생각하는 것은 책의 유익성 때문입니다.

숲도 책과 같습니다. 한번 갔다 온다고 아이가 숲을 너무 좋아한다거나, 감기에 걸려 아프던 아이가 며칠 숲에 다녀온 후 치유가 된다거나, 10일 연속으로 숲에 갔더니 아이가 창의적이 된다거나 하지는 않습니다. 즉 숲도 책처럼 단기간에 좋아지고 건강해지고 교육적 효과를 볼 수 있는 것이 아닙니다.

숲의 효과를 위해 아이를 숲에 보낸다면 자주 가야 하는데 현실은 한 번 가기도 쉽지 않습니다. "숲이 이렇게 좋은데 왜 우리 가족은 숲에 못 가고 있을까?"라고 생각해보신 적이 있나요? 왜 선뜻 "이번 주에 숲에 가자!" 혹은 "아빠 뒷산에 다녀올게요."라는 아이의 말에 "그래, (숲에) 갔다 와라~"라고 이야기를 하지 못하는 걸까요? 그 이유는 우리가 가진 숲의 이미지 때문입니다.

첫 번째는 숲에 대한 부정적 이미지 때문입니다. 사람들은 단어마다 각각의 이미지를 가지고 있습니다. 보통 '숲' 하면 '산'이라는 이미지가 있지요. 우리나라 전 국토의 약 70%가 산림으로 이뤄져 있습니다. 주변의 산을 바라보면 시원하고 맑고 편안하기만 합니다. 보기만 해도 휴식이 되는 것이죠. 그런데 산에 간다고 생각하면 높고 힘들고 바람 불고 비 오고 춥고 지저분하고 등 위생, 안전, 편안함을 위협하는 불편한 이미지가 떠오릅니다. 특히 아이와 함께 가는 숲이라면 부정적 이미지는 무의식중에 더 강해집니다. "비가 오면 어떡하지?", "오늘 미세먼지가 많다는데…….", "날씨가 많이 추워서 안 되겠어.", "더우니까 시원한 집에 있어야겠어.", "벌레가 많아서 못 갈 것 같아.", "숲에 가려면 가방도 싸야 하고 돌아와서 옷도 빨아야 하고 할 일이 너무 많아. 그냥 가지 말자." 등 안 갈 이유가 너무나도 많습니다.

두 번째는 광고 때문입니다. 최근 몇 년간 아웃도어 용품 시장이 급성장하며 TV 등의 대중광고를 많이 하게 되었고 사람들에게 많이 친숙해진 듯합니다. 아웃도어 관련 광고를 보면 산에는 자주 비가 내리고 강풍이 불고 무척 춥고 물이 고인 흙길과 거친 돌길을 걷습니다. 산이란 장소에서 편안하게 활동할 수 있다는 제품의 주요기능을 설명하기 위해 다양한 환경을 보여주려고 한 것입니다. 광고는 은연중 부모들에게 숲은 열악한 환경이란 인식을 만듭니다. 부모님들의 숲에 대한 부정적 인식 때문에 소중한 아이들을 데려가야겠다고 쉽게 결정하기 어렵게 됩니다. 도시인이라면 집 밖의 환경이 집안보다 편안할 리는 없지만 숲이 매일 춥고 덥고 비 오고 눈 오는 곳은 아닙니다. 흐린 날보다 맑은 날이 훨씬 많습니다.

　　마지막으로는 숲에 대한 낯설음입니다. 현재 육아를 하고 있는 부모들은 30~40대 남녀로 대부분 도시인이라고 볼 수 있습니다. 어린 시절부터 도시에서 살았고 아파트에서 살기 시작한 분들이 많습니다. 겪어본 자연이 공원, 놀이터, 동물원, 식물원 수준인 경우가 많습니다. MBC 무한도전이란 프로그램에서 숲 유치원이 소개되는 등 주변의 다양한 매체를 통해 숲이 좋다는 이야기는 들었지만 직접적 경험이 부족한 부모로서는 아이를 쉽게 숲으로 데려 갈 수 없게 되는 것이죠.

　　이런 이유들로 부모는 긍정적 효과와 부정적 이미지 사이에서 저울질을 합니다. 지속적으로 숲 체험을 보내려고 할 때면 저울질에서 '주변의 육아 방식'이라는 또 하나의 부정적인 요소가 추가되기도 합니다. 보편적인 다수의 교육 방식을 따라 어린이집이나 문화센터,

보습학원을 보내는 쪽이 더 안정적으로 생각됩니다. 대다수의 부모들과 아이들은 비슷한 교육방식으로 육아를 하고 어린 시절을 보내게 되는 것입니다.

부모의 경험이 자녀의 교육과 성장에 영향을 끼칩니다. 정답은 없습니다. 아이를 위한다면 어느 방향이든 부모의 교육 가치관이 바로 서서 아이들도 그 기준을 이해하고 흔들림 없이 성장할 수 있어야 합니다.


## 아이들이 생각하는 숲에 대한 이미지

부모가 가지고 있는 숲의 이미지는 긍정과 부정을 모두 가지고 있습니다. 그럼 아이들은 어떤 이미지로 숲을 바라보고 생각할까요?

아이들은 병원에서 태어나 산후조리원으로 갑니다. 좀 더 크면 아파트, 어린이집, 유치원 등으로 가지요. 대부분 자연과는 거리가 있는 도시화된 닫힌 공간들입니다. 아이들은 본의 아니게 인공적인 것에 좀 더 익숙합니다. 간혹 어떤 아이들은 숲에 적응하지 못하고 불안해하기도 합니다. 유아 시기가 아닌 아동 시기에 처음 숲에 온 친구들은 도시에 이미 익숙해져 숲이 낯설게 느껴지는 것입니다. 도시 환경의 아이들에게 숲이 새로운 공간으로 인식되는 것은 어쩌면 너무나 당연한 것인지도 모릅니다. 낯섦에 대해 경중의 차이가 있을 뿐 숲은 아이들 모두에게 새로운 환경으로 다가옵니다. 다행히도 어린 아이들일수록 편견 없이 받아들이는 경향이 있습니다. 낯설음에는 호기심, 도전, 자유, 재미, 두려움, 위험 등 다양한 이미지가 포함됩니다.

아이들의 '호기심'은 새로운 것에 대한 궁금증에서 오는 지적 충동입니다. 호기심은 아이들을 배움과 발견의 장으로 이끌죠. 개미가 기어가는 모습이 신기하여 물끄러미 쳐다보고 있습니다. 나무줄기에 흐르는 수액의 끈적임이 궁금해 살짝 만져봅니다. 바위 아래 어두운 틈에 무엇인가 있을 것 같아 머리를 땅에 조아립니다. 지금까지 보지 못한 생명과 공간에 대한 지적인 욕구입니다.

아이들의 '도전'은 정신과 신체 능력에 대한 스스로의 평가입니다. 자신의 능력을 자연에서 실행, 측정하고 평가하기 위해 행동하며 자신감을 가집니다. 좀 더 높은 바위에 올라가봅니다. 바위와 바위 사이에 틈을 뛰어넘어보려 합니다. 나무 위에 올라갈 수 있을지 가늠해봅니다. 열매를 딸 수 있는 방법을 생각합니다. 스스로 자신의 능력치를 실천으로 확인하고 다시 도전하기를 반복합니다. 기어가기, 걷기, 뛰기 등 아주 어린 시절부터 아이들은 세상을 향해 도전합니다. 아이들의 도전은 멈추지 않습니다.

숲에서의 '자유'는 탁 트인 공간을 선물합니다. 4~5m 실내에서 같은 풍경을 왕복하며 뛰어야 하는 아이들이 50~100m 이상 시시각각 다른 풍경을 마음껏 달릴 수 있습니다. 나무를 타고 바위에 오르고 비탈에서 미끄러질 수 있습니다. 자유는 마음껏 뛰어놀며 열린 마음에 날개를 달아주죠.

'재미'는 말 그대로 즐거움입니다. 스스로의 호기심으로 자유롭고 도전적인 활동을 하는 아이들은 항상 재미있습니다. 항상 즐겁습니다. 숲이 주는 다양한 자극에 교감하며 활짝 웃는 아이들의 모습은 천사 같습니다.

아이들의 숲에도 부정적인 이미지가 있습니다. '두려움', '위험' 등입니다. 두려움, 위험은 꼭 숲이 아니라도 아이들이 자라는 환경 곳곳에 이미 있는 이미지들입니다. 먹을거리, 운동, 질병, 인간관계 등 부정적 이미지는 세상을 살아가는 데 완전히 없앨 수 없는 요소들입니다. 없앨 수 없는 부정적 이미지 때문에 긍정적 이미지를 포기한다면 아이의 성장은 장담할 수 없습니다. 호기심을 채우고 도전을 위한 두려움과 위험은 내적 성장에 큰 도움을 줍니다. 성장은 작은 두려움이라도 꾸준히 하나씩 이겨낼 때 한걸음씩 이뤄지는 것입니다.

아이들은 숲뿐만 아니라 다른 환경에서도 오감을 활용합니다. 부모님들은 아이에게 더 좋은 환경을 위해 매 주말마다 아이들을 대리고 집과 집 인근보다는 밖으로 더 멀리 외각으로 나갑니다. 하지만 아이의 입장에서 생각해보면 어떨까요? 차를 타고 멀리 가서 잠깐 특이한 것을 보는 것이 좋을까요, 가까운 공원에서 아빠 엄마와 함께 몇 시간을 노는 것이 좋을까요? 박물관, 체험관, 식물원 등 인간이 만들어 제공하는 것에는 한계가 있습니다. 숲만큼 다양한 자극을 줄 수 있는 환경이 어려워 각종 시설들이 자연을 모방하는 경우가 많습니다. 인간이 만든 것 중에 진짜 '생명'은 없으니까요.

## 부모의 숲과 아이의 숲

이렇게 아이가 느끼는 숲과 부모가 느끼는 숲은 다릅니다. 부모가 아이와 함께할 숲은 두렵고 어려운 이미지가 많고 아이가 느끼는 숲은 다양한 감정이 뒤섞여 있죠. 아이와 부모를 따로 생각하지 않고 함께 숲에 간다고 생각하면 어떤 이야기들이 만들어질까요? 부모님들은 TV 등 미디어에서 숲이 아이에게 좋다니까, 혹은 어린 시절 행복했던 시골 생각이 나서, 아니면 젊은 시절 즐겨했던 등산과 여행의 기억으로 아이와 함께 숲이나 자연에 가는 기회를 가지게 됩니다. 막상 다녀온 후에는 고민을 하게 됩니다. '함께 즐긴 시간보다 혼낸 시간이 더 많은 것 같은데…… 이게 맞는 건가?' 왜 그럴까요?

그 이유는 부모와 아이가 각각 느끼는 숲에 대한 이미지가 다르기 때문입니다. 이미지가 다르기 때문에 생각과 활동의 교집합이 매우 적습니다. 부모가 아이를 고려하지 않고 생각하는 숲의 긍정적인 이미지는 생각보다 간단합니다. '휴식'이지요. 숲을 바라보는 대상으로 여기기 때문에 TV 화면을 대하거나 뮤지컬 공연을 보거나 4D 영화를 보는 것같이 숲에서 수동적인 휴식을 취하려고 합니다. 봄에는 화려한 꽃의 아름다움을, 여름에는 푸른 잎의 싱그러움과 시원함을,

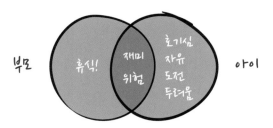

부모와 아이가 생각하는 숲에 대한 이미지

부모

휴식!

재미
위험

호기심
자유
도전
두려움

아이

가을에는 알록달록한 단풍을, 겨울에는 새하얗게 눈 덮인 설경을 생각합니다. 도시인의 휴식은 대부분 수동적입니다. 인근 산에 오르면 가장 먼저 챙기는 것이 가방과 먹을 것 그리고 돗자리입니다. 어느 정도 산에 오르면 돗자리를 펴고 앉아 가장 먼저 먹을 것을 꺼내 먹습니다. 그 후 드러누워 핸드폰을 만지거나 책을 보거나 경치를 보거나 하며 시간을 보낸 후 내려옵니다. 삼림욕장에 가면 어떤가요? 자동차 가득 먹을 것을 싣고 도착해 냉장고에 먹을 것을 풀고 주변 경치를 보며 이야기 나누다 저녁 시간이 되면 냉장고의 고기를 비롯한 먹을거리를 준비해 먹고 치우는 데 거의 모든 시간을 보냅니다. '공기 좋은 곳에서 먹으니 더 좋다'는 감탄사와 함께 말이죠.

아이들은 어떤가요? 아이들은 숲에 가면 돗자리나 펜션에 앉아 있기보다 밖으로 나가 만지고 먹고 뛰는 등 다양한 활동을 하고 싶어 합니다. 아이들에겐 숲이 '휴식'이 아닌 '배움'이기 때문입니다. 아이들의 삶은 배움의 연속으로 자연에 대해 궁금한 것이 많은 아이들은 풀, 나무, 동식물을 만져보고 관찰하며 직접 경험을 통해 몸으로 배우려 하지요. 변화하고 살아 있는 숲이라는 새로운 환경에 가면 오감을 자극하며 더 넓게 더 깊이 배우려고 합니다. 그 속에 도전, 호기심, 자유, 두려움 등의 요소들이 소용돌이치며 배움에 대한 동기를 부여합니다. 매우 적극적이고 동적입니다.

그런데 부모님들은 어떻습니까? 수동적이고 정적이죠. 산에 오르거나 공원에 나가면 돗자리 안에서 모든 것을 해결하며 밖을 쳐다만 봅니다. 아이는 동적이고 싶은데 부모는 정적인 모습을 보인다면 아이는 갈등하게 됩니다. '나는 저기 언덕 위에 가보고 싶은데 아빠는 돗자리에서 맥주만 먹네.' '돗자리 밖의 저 바위를 만져보고 싶은데 엄마는 지저분하다고 뭐라고 하네.' '저 빨간 것이 무언지 궁금해 만지고 싶은데 할아버지는 위험하다고만 하네.' '내가 하고 싶은 게 아빠, 엄마가 원하는 게 아닌가?'라고 말이죠. 그러면서 점점 부모를 닮아갑니다. 서서히 자연은 보이지 않게 되고 호기심도 줄어들고 배움도 사라집니다. 엄마의 핸드폰과 아빠의 낮잠이 더 어른스런 것이란 생각이 들게 되죠. 그렇게 아이도 '휴식'에 빠져듭니다. '배움'은 버려졌지요. 이런 말이 있습니다. '아이는 부모의 등을 보고 자란다.' 틀림없는 진실입니다. 자녀 교육에 관심 있다면 이미 다 알고 계실 겁니다. 숲에 다녀온 후 의구심이 들었다면 부모님의 행동부터 먼저 살피고 아이에게 원하는 행동을 스스로 하시면 됩니다.

숲은 집과 다릅니다. 현재 우리가 살고 있는 집들은 매우 인위

적인 환경으로 되어 있어 생활습관도 인위적인 경향이 있습니다. 매일 쓸고 닦고 빨래하고 설거지하고 등 생활 규칙이 있지요. 집은 어느 정도 깨끗해야 한다는 등의 개인적 기준이 있습니다. 숲은 그 기준에 비춰보면 매우 다른 환경입니다. 모든 것이 깨끗하지 않아 보일수 있습니다. 숲에서 부모가 아이에게 집보다 더 많이 "안 돼" "하지마" 등의 부정적 언어를 사용하면 할수록 아이들은 움츠러듭니다. 어느 순간 흥미를 잃고 부모에게 순응하게 되는 거죠. 숲에 대한 안 좋은 이미지와 함께 배움의 기회는 더욱 줄어들게 됩니다.

부모와 아이가 바라보는 숲의 이미지와 활동은 다릅니다. 교집합이 적을수록 함께 숲에는 갔지만 서로 간의 다름으로 불편함과 편견이 생기는 겁니다. 부모와 아이가 함께하는 숲에는 순간순간 서로 간의 차이를 보이며 문제가 되는 것들이 있습니다. 부부끼리도 함께 하다 보면 서로 의견 차이가 생겨서 다투기도 합니다. 숲에서뿐만 아니라 집에서도 많은 문제들이 일어나죠. 사람이 만나는 곳에는 언제나 문제가 있습니다. 많은 문제가 있다고 육아를 포기해야 할까요? 포기하지 않아도 됩니다. 이 모든 것을 해결할 수 있는 방법이 있습니다. 부모가 아이의 눈높이에서 함께하려는 마음가짐으로 행동하시면 됩니다. 아이와 함께한 숲에서 '건강'하고 '교육'적인 시간을 보내고 싶으세요? 그럼 아이가 바라보는 시선으로 숲을 바라보고 함께 행동해보세요. 그럼 그렇게 되실 겁니다.

## 부모에게 필요한 명확한 가치관

부모와 아이가 각각 느끼는 숲의 이미지가 다르고 숲에서 하고 싶은 행동이 서로 다릅니다. 이미지와 하고 싶은 행동의 차이가 클수록 부모는 숲의 효과를 의심하게 됩니다. 숲은 건강해지고 교육적이어야 하는데 그렇지 않다면 "어떻게 해야 할까요?"

보통 "어떻게 할까?"라는 질문은 목표를 잡고 실천하기 위한 방법을 찾는 질문입니다. 우리는 무엇을 목표로 해야 하는지부터 찾아야 합니다. 부모의 목표는 아이를 잘 키우는 것입니다. 잘 키운다는 것은 최우선적으로 건강하게 키우는 것입니다. 두 번째로 공부를 잘

했으면, 똑똑했으면 하는 교육적 바람으로 발전합니다. 목표를 달성하기 위해 숲에 온 목적은 아이를 '건강'하고 '교육'적으로 키울 수 있다고 생각했기 때문입니다. 우리의 목적을 달성하기 위해 부모에게 필요한 것은 이것저것 많이 생각될 수 있지만 크게 나눈다면 '마음가짐'(가치관)과 '방법론'(기술)입니다.

두 가지 모두 필요하지만 둘 중에 중요한 하나를 뽑으라면 마음가짐을 선택해야 합니다. 어느 것이 더 중요한지는 부모마다 다를 수 있겠지만 교육은 방법보다는 마음가짐이 더 중요하고 우선되어야 합니다. 부모가 기술은 뛰어나지만 뚜렷한 가치관이 형성되지 않은 것은 기술과 힘은 좋은데 눈이 없는 궁수와 같습니다. 활을 멀리 정확히 보낼 수는 있지만 방향을 볼 수 없기 때문에 원하는 과녁을 맞힐 수가 없는 것이죠. 반대로 부모가 가치관이 확고하고 기술이 부족하면 더디게 가지만 목표에는 도달할 수 있을 것입니다. 숲을 찾아오신 부모님들을 만나보면 방법을 알고 싶어하는 분들이 많습니다. 가정이 아닌 학원이란 방법을 통해 좋은 점수와 좋은 대학, 좋은 직장에 보내고 싶은 현 교육시장에서의 부모들과 유사한 모습을 하고 있습니다. 학업이 뛰어난 아이들의 공통점은 대부분 가정이 화목하다는 것입니다. 가족의 관계가 원활하고 좋다 보니 안정적인 학업 성적을 올리는 것이지요. 가정의 가치관이 안정된 방향으로 확고히 잡혀 있을 때 아이는 안전한 환경에서 평화롭게 생활하며 학업에 집중할 수 있습니다. 그와 반대로 불안정한 가족은 사교육 시장의 '○○

이라 카더라' 소문에 여기저기 학원에 보냅니다. 주변 학부모들의 입소문 등에 쉽게 갈팡질팡하며 다양한 학습지를 하는 악순환을 하게 됩니다. 부모가 흔들리면서 아이에게 무엇인가를 조언하거나 지시하면 아이는 조언과 지시를 따르기보다 "엄마, 이번엔 또 어디서 뭐 듣고 왔어?"라고 되물으며 자리를 잡지 못하고 불안정해 집중할 수 없게 되는 것입니다. 성적에 집중하다 보니 성적보다는 가족 관계를 회복하는 것이 더 중요하는 것을 인식하지 못하는 것입니다. 숲에 접근하는 방법도 숲에 대한 가치관 없이 아이에게 건강과 교육을 얻기 위한 기술적인 부분만을 배워 사용하려 한다면 오히려 아이에게 혼선을 주기 쉽습니다.

먼저 부모님이 가져야 할 가치관은 아이가 가진 이미지와 아이가 하고 싶어 하는 행동에 눈높이를 맞추어야 한다는 것입니다. 곤충이 무서울 수 있고 바지에 흙이 묻는 것이 싫을 수 있지만 부모가 싫다고 아이가 싫은 것은 아닙니다. 부모가 못 한다고 아이가 못 하는 것도 아닙니다. 아이는 부모를 닮아갈 뿐이지 태어나서부터 부모와 같은 것은 아니니까요. 무작정 같아질 필요는 없습니다. '함께'가 안 된다면 아이의 생각과 행동을 이해하고 인정할 수 있어야 합니다. 아이의 롤 모델인 부모로서 부모의 언행이 일치하면 아이는 그 기준에 맞춰 생각하고 행동합니다.

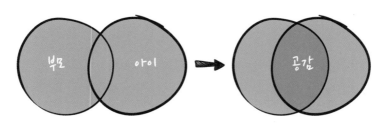

숲 활동에 중요한 시작점은 '공감'

부모   아이   →   공감

**숲에 대한 부모의** '행동 변화'
**그래서 선행되어야 할 숲에 대한 부모의** '마음가짐'

아이와 함께 숲에서 즐겁고 유익한 시간을 보내고 싶은 부모님들께 다시 한 번 강조하고 싶습니다. 숲에서 아이와 함께할 때 부모님이 아는 '방법론'(기술)보다는 부모님이 가질 '마음가짐'(가치관)이 더 중요합니다. 함께하기 힘들 때는 인정의 말로 다정한 눈빛으로 따뜻한 손짓으로 밝은 웃음으로 인정하고 공감해주면 아이들은 더 자유롭게 숲을 즐기고 배워나갈 수 있을 것입니다.

## 부모는 숲에 대한 생명 철학이 있는가?

환경 저술가 엠마 마리스는 TED(미국 비영리 재단이 운영하는 강연회) 강연 동영상을 통해 "자연은 모든 곳에 있어요"라는 주제를 이야기했습니다. 동영상은 자연에서 멀어져가는 학교와 공원 등의 환경을 설명하고 있습니다. 학교 운동장에서는 나무와 풀, 곤충이 사라져

가고 있습니다. 공원에서는 자연의 순리대로 다양한 나무들이 태어나고 자라서 죽는 것이 아니라 인간에 의해 관리되며 같은 수종만이 조경수처럼 심어져 관리된다는 것입니다. 진정한 자연을 만나려면 마당의 잔디를 깎지 말고 그냥 두라고 말합니다. 실험을 위해 집 앞 잔디를 수년간 방치한 결과 375종의 식물이 자라고 있었으며 그 중 2종은 멸종 위기종이었다고 합니다. 생명은 위대합니다. 스스로 치유하고 발전해가며 스스로 쇠퇴하기도 합니다. 이런 순환의 흐름을 자연스럽다고 하는 것입니다. 인간은 자연스럽다는 말을 할 뿐 진정한 자연스러움을 알지 못하게 되었습니다. 반듯하게 깎인 잔디가 자연스럽고 곡선보다 네모와 세모 모양의 정원수가 깔끔해 보입니다. 풀에 앉아 있는 메뚜기에 비명을 지르고 나무에 매달린 거미를 보고 인상을 찌푸립니다. 자연은 그대로인데 사람들은 바뀌어갑니다. 도시만의 철학으로 벽을 만들고 자연의 흐름을 무시하고 밀어냅니다. 정원을 관리하기 위해서 보기에 예쁜 꽃과 나무를 심고 전지가위와 모종삽, 관련된 장비를 개발하고 사용합니다. 인간에게 선택받지 못한 곤충과 풀들은 침입자로 취급됩니다. 정원을 지키기 위해 살충제와 김매기로 뽑아냅니다. 침입자인 곤충과 풀은 생명이 아닌 지저분한 물건에 지나지 않습니다.

　　엠마 마리스는 '사랑'을 강조하면서 자연을 사랑하는 것이 중요하다고 말합니다. 자연은 모든 곳에 이미 있고 사랑하면 보인다는 것입니다. 부모가 아이에게 자연에 대한 사랑을 가르쳐주려면 우선 부모 스스로가 자연을 사랑하는 것이 가장 좋은 방법입니다. 사랑하는 모습을 보여주는 것이 가장 훌륭한 교육입니다. 겨울나무의 껍질을 만지면서 어려운 시절을 보내온 세월을 찬찬히 느껴봅니다. 여름 아침 푸른 나뭇잎에 맺혀 있는 이슬 속 초록빛을 보며 상쾌한 숨을 쉬어봅니다. 봄의 만발하는 들꽃에 무릎을 꿇고 코를 가져다 대며 향기를 맡아봅니다. 가을에 떨어지는 알록달록한 낙엽으로 책갈피를 만들어 책에 끼웁니다. 자연의 숨결이 사계절 생활 속에 사랑으로 배어 나오도록 가까워져야 합니다. 엠마는 '만지지 않는 것은 사랑할 수 없다'라고 했습니다. 어느 누구도 만지지 않고 사랑할 수 없습니다. 지금 아이를 키우고 있는 부모님들 중 어느 누구도 연애기간 동안 한 번도 서로 만지지 않고 결혼하신 분은 없을 것입니다. 지금 배우자와의 첫 만남의 순간, 첫 스킨십의 순간처럼 가슴 떨리고 흥분되는 사랑의 경험으로 결혼을 하셨을 겁니다. 결혼의 결과로 지금 사랑하는 아이와 함께 생활하고 계신 겁니다. 아이도 부모의 사랑으로 큽니다. 부모의 사랑스런 손길로 아이는 성장해갑니다. 사랑은 만져야 가능합니다.

엠마는 아이들에게서 자연을 빼앗지 않으려면 우리가 할 일이 두 가지가 있다고 했습니다.

1. 아이들에게 자연을 만지면 안 되는 것으로 정의하면 안 된다.
2. 아이들이 자연을 만지도록 해야 한다.

아이들에게 자연을 만지도록 해야만 사랑하는 아이로 자랄 수 있습니다. 부모가 함께한다면 사랑하기에 더 없이 좋은 환경일 것입니다. 부모가 자연에 대한 사랑이 깊을수록 생명에 대한 존중감도 높을 것입니다. 부모가 자연과 생명을 사랑하고 존중하면 아이에 대한 존중감도 높을 것입니다.

부모가 아이를 존중해야 하는 이유는 그 자체로 존엄한 존재이기 때문입니다. 존엄하다는 것은 범접할 수 없는 높고 엄숙한 것입니다. 아이의 생명을 존엄하게 생각할 때 바르게 키울 수 있습니다. 아이를 존엄하게 생각하기 위해 생명을 존엄하게 생각해야 합니다. 부모의 생명 존중에 대한 가치관이 자녀의 자연 존중과 연결됩니다.

『죽음의 수용소에서』를 쓴 빅터 프랭클은 존엄성이 높은 사람은 미래의 기회보다 현재의 실현 기회, 성취한 의미, 깨달은 가치를 중요시한다고 했습니다. 존엄성이 높은 부모의 가치관은 미래보다 현실에 초점을 맞추고 지금 이 순간에 최선을 다하는 모습을 실천하려 노력합니다.

강수돌 교수는 『나부터 교육혁명』에서 아이에 대한 두 가지 관점을 소개합니다. 하나는 자녀를 사랑의 결실로 보는 것이고 다른 하나는 제2 노동력으로 보는 것이라고 합니다. 교육과 육아를 전자의 시점으로 보면 존엄과 사랑으로 보게 되고 후자로 보면 효과, 효율을 위한 관점으로 보는 것입니다. 효과와 효율의 관점에서는 아이를 낳아 기르는 것을 미래를 위한 투자 개념으로 생각하는 것입니다. 자식들 중 하나만 잘 키우면 나중에 부모와 형제, 가족들 모두 잘 돌볼 것이란 기대가 있었지요. 하지만 이런 상상은 물거품이 된 지 오래입니다. 지금은 효과, 효율에 대한 기대가 전혀 없을까요? 아이가 다른 아이보다 공부 잘하면 부모의 자존심이 올라가는 것 같아 학원에 보내는 부모도 있습니다. 아이가 다른 아이보다 운동 등 특기를 잘하면 어깨가 으쓱해지는 부모도 있습니다. 어깨가 올라가고 고개가 들리는 것은 아이가 부모의 기대를 충족시켜주고 있기 때문입니다. 아이를 자신의 소유물처럼 여기고 명품 가방을 들고 있는 것과 같이 생각하고 있는 것입니다. 소유물에 의존하면 스스로에 대한 자존감이 낮아집니다. 자존감이 낮으면 홀로 서지 못하고 부모가 아이로부터 독립하지 못하면 아이도 부모로부터 독립할 수 없습니다. 부모의 자존감이 낮으면 아이의 자존감도 높아질 수가 없는 것입니다.

　부모의 자존감은 명확한 가치관에서 나옵니다. 부모의 흔들림 없는 교육관은 철학이 있는 삶에서 이뤄집니다. 삶의 뚜렷한 가치관 없이 이리저리 흔들린다면 아이의 가치관이 튼튼할 리가 없습니다. 요즘 시대에 부모의 교육관이 뚜렷하기는 무척 힘듭니다. 부모가 될 때 육아에 대해 따로 교육을 받는 것도 아니고 사전 연습을 한 적도 없이 닥쳐서 하게 됩니다. 부모는 아이의 어린 시절부터 다양한 사교육시장에 노출되어 있고 공교육에 대한 불신도 큽니다. 명확한 것 하나 없는 환경에서 옆집 엄마, 아이의 할아버지 할머니, 학교 선생님, 친구 등 주변의 목소리는 부모의 교육관에 큰 영향을 끼칩니다. 대부분은 큰 흐름에 몸을 맡기고 그 흐름에서 가장 빨리 가는 방법을 택합니다. 고입, 대입, 취업, 결혼의 큰 흐름에서 유리한 지점을 차지하려고 노력하는 것이지요. 꼭 그 길만 있을까요? 다른 길도 있습니다. 예전부터 있었지만 크게 부각되지 않았을 따름입니다. 직장인만이 길이 아니라 프리랜서가 더 많아지고 창업하는 소규모 업체도 많아지고 있습니다. 소통은 국가를 넘어 세계화 시대로 달려가고 있습니다. 더 많은 기회가 아이의 앞날을 기대하게 합니다. 이미 세계는 다양한 인재를 요구하고 있어 아이들도 그에 맞는 창의력과 창조성을 키워 글로벌시대를 대비할 수 있습니다.

　부모가 명확한 가치관을 가지지 못한다면 찾는 노력이 필요합니다. 아이들과 대화를 통해 공통된 가치관을 찾고 찾아낸 가치관과 유사한 가치관을 가진 부모들과 함께 육아를 해야 합니다. 책『마을 육아』에 보면 함께 아이를 키우는 공동체를 기존의 육아와 비교한 글이 있습니다.

- 삶의 소비에서 자립으로
- 표준화에서 고유함으로
- 고립에서 공동체로
- 성공 추구에서 존엄으로

부모와 아이의 존엄을 이해하고 생활하기 위해 공동체가 필요하며 아이를 하나의 생명으로 존중하며 키우기 위해서는 두 사람의 힘으로는 부족할 수 있습니다. 하지만 공동체가 함께 같은 교육 가치관을 가지고 키운다면 좀 더 수월하게 훌륭한 아이로 성장시킬 수 있을 것입니다. 김주환 교수의 『회복탄력성』에는 워너 교수의 카우아이 섬 연구가 수록되어 있습니다. 연구의 목적은 '어떤 요인이 사람을 사회 부적응자로 만드는가?'였습니다. 아이의 환경이 최악인 고위험군 201명을 추출하여 종단연구를 실시하여 확인한 결과 공통적인 요인을 찾을 수가 없었습니다. 다양한 고위험 환경임에도 아이들 중 72명이 훌륭하게 성장한 것입니다. 교수는 원하는 결과를 얻지 못하자 연구의 방향을 바꾸게 됩니다. '어떤 요인이 사람을 역경에서 벗어나게 하는가?'로 바꾸자 공통적인 요인이 보이기 시작했습니다. 공통점은 아이를 무조건적으로 이해해주는 어른이 1명 이상 있었다는 것입니다. 아이는 사랑과 믿음으로 성장합니다. 가장 큰 교육인 것이지요. 아이의 존엄을 믿고 부모가 자신의 위치에서 현재에 최선을 다해 살아간다면 아이는 분명 훌륭히 성장할 것입니다.

부모는 명확한 교육관이 있어야 합니다. 숲교육을 위한 교육관은 생명 존중을 바탕으로 합니다. 생명 존중은 모든 생명에 대한 존

생명에 대한 존엄성의 인식 → 존중, 공감, 함께 → 독립

엄을 인식하는 것입니다. 존엄한 것은 존중받을 수 있습니다. 존중하는 생명은 공감할 수 있고 공감하는 것은 함께할 수 있습니다. 아이를 하나뿐인 소중한 생명으로 존중해주시면 됩니다. 존중하면 아이와 공감할 수 있고 공감하면 함께할 수 있습니다. 부모가 함께하며 존중받은 아이는 스스로 독립할 수 있습니다. 독립한 아이는 훌륭히 성장할 수 있습니다.

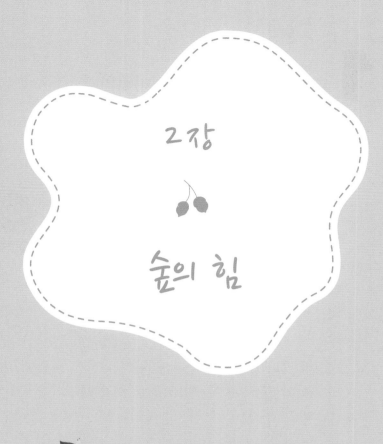

2장

숲의 힘

# 1 몸과 마음이 건강해지는 마법의 숲

파울로 코엘료의 소설 『브리다』에는 이런 구절이 나옵니다.

"마법의 장소들은 언제나 지극히 아름답고, 하나하나 음미해야 마땅하지. 샘, 산, 숲, 이런 곳에서 대지의 정령들은 장난을 치고, 웃고, 인간에게 말을 걸어. 당신은 지금 성스러운 곳에 와 있는 거야."

이 글에서 '마법의 장소', '성스러운 곳'은 자연을 표현하는 단어들입니다. 하지만 이러한 느낌들은 우리 곁에 있는 도시의 공원이나 집안에 놓여 있는 화분에서 쉽게 느낄 수 없는 것이 사실이지요.

대자연에서 느끼지 못한 감각을 주변의 소자연에서 느낀다는 것은 경험하지 못한 것을 경험했다고 생각하는 것과 같습니다. 자연은 일상에서 멀어져 있다가도 낙엽이 길가에 떨어질 때, 혹은 쌀쌀한 바람이 불 때 문득 가을이 깊어지는 것을 알게 해줍니다. 낙엽과 바람에 의한 계절의 변화는 자연을 피부로 느끼게 해줍니다.

가을에 숲에 가면 아이들은 오감을 통해 자연의 변화를 느끼게

됩니다. 우선 초록의 숲이 알록달록 아름다운 색상으로 변합니다. 차가운 바람이 뺨, 손 등에 느껴집니다. 낙엽과 흙의 구수한 냄새는 코를 자극합니다. 초록 잎에 숨어 보이지 않던 숲의 숨은 공간들이 확 트여 눈으로 멀리까지 보입니다. 봄 여름 가을 겨울에 다양한 변화들이 일어나게 됩니다.

아이들은 변화된 환경에서 자신만의 놀이 방식을 자연스럽게 개발하고 활동하게 됩니다. 어떤 아이들은 땅바닥에 주저앉아 다양한 모양과 색상의 낙엽을 가지고 소꿉놀이, 자연미술, 낙엽 이불 등의 활동을 합니다. 어떤 아이들은 굵고 잔가지들을 모아 자신만의 집이나 모형을 만들기도 합니다. 어떤 아이들은 쓰러진 커다란 나무를 발견해 올라타며 모험을 즐기기도 합니다. 다양한 활동을 통해 아이들은 자연을 느끼고 몸과 마음의 건강을 유지해 갑니다.

산림청 산하 녹색사업단이 발간하는 『에코 힐링』이라는 잡지에서는 낙엽 밟는 소리를 들으면 편안해지고 집중력, 사고력 향상에 도움이 되는 뇌파가 형성된다고 합니다. 세타파(theta wave)는 평안함을 발생시키는 뇌파의 특성으로 폭포소리와 낙엽 밟는 소리에 많아 집중력과 사고력 향상을 요하는 사람에게 적합하다고 합니다. 숲에서 즐기는 햇빛은 자외선을 걸러내어 부드럽고 안전한 햇빛을 제공하여 면역세포와 뼈, 근육을 강화하는 비타민 D를 충분히 합성할 수 있도록 돕습니다. 도시의 부모들은 아이의 피부를 걱정하여 햇빛을 기피하거나 추위와 감기를 이유로 외출을 기피하는 현상이 많습니다. 아이들은 원하지 않게 건강에 좋지 않은 환경에 자연스레 노출되고 있습니다. 숲에 정기적으로 놀러온 아이들을 살펴보면 추위에 전혀 위축되지 않고 자신의 활동에 집중하며 활기차게 활동한다는 것을 쉽게 알 수 있으며 이것은 자연과의 정기적인 공명으로 자연치유력이 높아진 것입니다.

사상가 아우구스티누스는 이렇게 말했습니다.

"책에 쓰여 있는 말은 개념에 불과할 뿐 가서 경험을 해봐야 한다."

아이들과 함께 자연 관련된 책을 읽는 것도 중요합니다. 보기 힘들거나 먼 나라의 신기하고 거대한 자연의 세계를 책이 알려줄 수는 있습니다. 그러나 책이 따스한 태양빛과 꽃의 달콤한 향기와 나뭇결의 부드러운 감촉과 낙엽의 바스락 거리는 소리로 몸과 마음을 건강하게 해줄 수는 없습니다. 숲을 직접 경험해야 하는 이유입니다.

# 2 '몸'으로 느끼는 진짜 공부

　'봄' 하면 역시 '꽃'이라는 생각이 들지요. 봄은 꽃들이 한창 피어나는 계절입니다. 자연에서는 늘 사계절을 보내며 반복적으로 피고 지는 일상적인 꽃이지만 유심히 바라보면 더욱 아름답게 느껴집니다. 봄에는 여의도 벚꽃축제, 합천 황매산 철쭉제, 신안 튤립축제, 강화 고려산 진달래축제, 제주 유채꽃축제, 구례 산수유축제, 광양 매화축제, 부천 복사골축제 등 약 3개월 동안 전국에서 다양한 꽃의 향연이 펼쳐집니다. 온 산에는 벚꽃, 철쭉, 튤립, 진달래, 유채꽃, 산수유, 매화, 복숭아 등이 군락을 이루며 하얀색에서 시작해 붉은색으로 다채롭게 장관을 이룹니다. 꽃이 그리운 사람들은 성인남녀, 어린이집 꼬마, 외국인까지 수도 없이 많이 모여듭니다. 꽃을 배경으로 사진을 찍고 간식도 먹고 구경하며 감탄을 연발합니다. 사람들은 꽃이 많이 필수록 즐거워하지만 식물이 꽃을 많이 피우는 이유는 사람들의 감정과는 다릅니다.

　　자연은 물건일까요? 생명일까요? 꽃놀이에 온 사람들이 나무를 대하는 모습은 생명을 대한다고 보기 어려울 때가 많습니다. 예쁘다며 꺾습니다. 나무 밑에 자리 깔고 앉고 음식 먹고 쓰레기는 여기저기에 슬쩍 버립니다. 길도 없는데 사진 찍으려 나무 사이로 들어갑니다. 불편한 사례는 이루 말할 수 없이 많습니다. 365일 대부분 한적하던 동산에 딱 2주간 수백 수천 명의 사람들이 다녀가죠. 숲과 나무들은 당연히 힘듭니다. 겉의 화려함만 보는 관람객들은 나무의 생존을 건 힘겨운 사투가 보이지 않습니다. 마치 도시의 삶이 화려한 겉모습만 보고 힘겨운 생활 속은 보지 못하는 것과 같이 말입니다. 꽃이 봄마다 수많은 꽃을 피우는 것은 종족을 유지하기 어렵다고 느끼기 때문입니다. 사람으로 치면 매년 삶이 팍팍해서 더 많이 일해 더 많이 돈을 벌어놔야 생존할 수 있겠다는 생각을 하기 때문이지요. 나무는 살기 편하면 꽃을 적게 피웁니다. 아이러니하게도 꽃축제가 잘 되려면 나무의 스트레스는 필수적인 것이죠. 사람이 아닌 나무의 입장에서 보면 다른 시각이 보입니다. 열매도 먹을거리가 아닌 생명의 씨앗으로 보이고 낙엽도 단풍놀이가 아닌 겨울을 대비하며 자신을 깎아내는 처절한 몸짓으로 보일 수 있는 것이지요. 머리가 아닌 몸으로 봐야 하는 이유입니다.

　　요즘 아이들은 자연을 '머리'로만 보고 있습니다. 부모님들도 동물을 장난감으로 보는 아이를 원하지는 않을 것입니다. 하지만 현실은 그렇지 않은 경우가 많지요. 아이들이 함께하는 도시와 어른들이 자연을 물건으로 바라보는 경우가 더 많기 때문입니다. 건물과 도로를 만들기 위해 산을 파내고 나무를 베어냅니다. 공원을 만들기 위해 기존에 있던 나무를 잘라냅니다. 봄이면 집안 분위기를 위해 화초를 사지만 몇 주 피는 꽃을 구경하다 꽃이 지면 관심도 끊어집니다. 화초는 결국 죽게 되고 애물단지가 되어 버려집니다. 대다수의 아이들은 학교, 집, 학원으로 이어지는 도시적이고 인공적인 공간에서 생활하게 되어 옛날처럼 자연을 접할 수 있는 경우는 극히 드물게 됩니다. 만들어지고 조성된 자연만을 접하고 살게 되는 것입니다. 아이들은 자연과 동떨어진 생활을 자연스럽게 하며 책이나 영상을 통해서만 접하게 됩니다. 아이를 가지게 되면 옷가지도 사지만 자연관련 그림책이나 사진 책을 전집으로 사는 경우가 많습니다. 아이에게 자연을 소개해주고 싶은 자연스런 행동입니다. 책은 자연을 대신할 수

없고 진짜 자연이 될 수 없습니다. 동영상도 마찬가지입니다. 편집자
의 관점이 들어가 있는 영상은 자연의 일부만을 보여줄 뿐입니다. 결
국 책, 동영상 등 저작물은 인공적인 것에 불과한 것입니다. 인공적
인 것을 진짜 자연이라 부를 수 없습니다. '느낌'이 없기 때문입니다.

　아이들은 자연을 '느낌'으로 '경험'해야 합니다. 인도의 철학자인
지두 크리슈나무르티는 '아는 것으로부터의 자유'에서 지식이 진짜
진실을 가로막는다고 말하며 "지식은 생각에 그친다. 그러나 느낌은
행동을 일으킨다."라며 진정한 지식은 느낌에 의한 것이고 그 느낌이
행동으로 발전하여 배움을 일으킨다고 했습니다. 아이들은 지식이
없기 때문에 느낌만으로 행동하고 그 경험으로 성장해나갑니다. 도

시의 삶은 지식을 머리로만 입력하고 있습니다. 과거에 비해 다양한 체험학습을 통해서 어느 정도 보완되었다고 하지만 멀었습니다. 틀에 가둔 자연은 이미 자연이 아닌 것입니다.『장인의 공부』의 피타콘은 창조적 순환의 시작은 직접적인 경험이라고 강조했습니다. 우선 직접적 경험이 있어야 본능적 반응이 일어나 주변에 영향을 주게 되고, 주변의 변화가 글과 이미지 등의 추상적 숙고를 통해 문화를 만들게 됩니다. 만들어진 문화가 다시 개인의 직접적 경험을 충동한다는 것입니다. 즉 창조적 순환을 위해 직접적 경험은 필수적이며 장기적으로 문화에 영향을 준다는 것입니다. 소설『나의 라임 오렌지나무』가 사람들에게 감동을 주는 이유는 느낌이 있기 때문입니다. 기쁨도 눈물도 느낌 없이 나오지는 않습니다. 아이들이 자연을 접하지 않고 느낌을 가질 수 있다면 좋겠지만 그것은 불가능하다고 생각합니다. 만지지 않고 사랑할 수 있는 것은 없으니까요. 사랑하지도 좋아하지도 않는 것을 느끼고 배우는 것은 어려운 일일 겁니다. 자연과 가까워지기 위해 우선 만나야 합니다. 시간 날 때마다 아이와 가까운 공원과 숲을 자주 찾아주시면 좋겠습니다. 아이들이 자연을 만지고 느끼며 배움을 시작할 수 있도록 말입니다.

# 3 인공지능 시대에 왜 생태교육?

2017년에 알파고와 세계 1위 '커제' 9단과의 바둑대결이 있었습니다. 커제는, "이세돌과의 대국에서 알파고는 그래도 사람이 두는 것처럼 보였으나 지금의 알파고는 신이 두는 것 같았다."라고 이야기하며 세계를 놀라게 했습니다. 놀라움은 이것으로 끝이 아니었습니다. 얼마 지나지 않아 독학으로 바둑을 학습한 인공지능 알파고 제로와 기존 알파고를 대결시킨 결과 100대 0으로 알파고 제로가 이겼다는 소식도 전해졌습니다. 인공지능의 발전 속도는 무시무시합니다. 인공지능과의 바둑 대결은 인공지능의 발전에 대해 사람들에게 기대와 우려를 일으키는 하나의 큰 사건으로 기억되었습니다. 기대는 인공지능의 도움으로 올 편안하고 안락한 삶이고 우려는 인공지능에 의해 일자리를 잃어 불안해지고 힘들어지는 삶입니다. 우리의 미래는 불확실성으로 가득합니다. 고도로 발달한 인공지능의 미래 사회를 살아갈 우리 아이들에게 인공지능과 결이 다른 생태교육이 꼭 필요한 이유입니다.

　'인간 대 인공지능'은 '자연 대 기계'와의 관계와 닮아 있습니다. 인공지능은 간단히 말하면 기계라고 볼 수 있습니다. 이미 아시겠지만 기계는 거의 쉬지 않고 일을 할 수 있고 반복, 숙달에 능하여 개발이나 훈련을 거듭하면 완벽에 가까운 기술을 가질 수 있습니다. 인간과 인공지능의 대결을, 삽질하는 인간과 포크레인을 운전하는 인공지능으로 표현하기도 합니다. 흙을 파는 능력을 기준으로 대결을 한다면 인간은 필연적으로 패할 수밖에 없는 대결인 것이지요. 인간이 인공지능에게 패할 수밖에 없다는 사실에 슬퍼하거나 우울해 할 필요는 없습니다. 바라보는 시각을 바꾸면 기계에는 없고 인간에게만 있는 것들이 많기 때문입니다. 예를 들면 발명, 혁신, 창조, 사랑, 다양성, 소통 등을 들 수 있겠습니다. 무엇인가를 새롭게 인도하는 것, 무엇을 혹은 누군가를 아끼고 사랑하는 것, 각각의 개성을 이해하는 것, 상대의 마음을 공감하는 것 등 많은 것들이 아직 인간에게 남아 있습니다. 이러한 장점들이 기계적 관점에 가려 잘 보이지 않는 것입니다. 흙을 인공지능보다 많이 파야 한다는 두려움을 느끼는 것은 효과와 효율만을 강조해온 기존문화와 관계가 깊은 것입니다. 문화란 '자연 상태에서 벗어나 삶을 풍요롭고 편리하고 아름답게 만들어가고자 사회 구성원에 의해 습득, 공유, 전달이 되는 행동 양식'이라고 정의하고 있습니다. 자연 상태를 벗어난 인간이 만들어 온 환경이라고 볼 수 있지요. 문화를 다시 자연으로 돌아가게 할 수 있는 것도 인간입니다. 자연 상태를 포함해 자연스러운 문화를 창조하는 것이 우리 아이들이 살아가야 할 세상입니다. 인공지능의 영역과 다른 세상, 인간만의 다른 문화를 펼칠 수 있다면 전혀 다른 문화와 세상을 만나게 될 겁니다. 『도덕경』에서 강조한 '고졸(古拙)의 멋'은 겉은 서툰 듯하지만 내면에서 은은히 풍기는 멋을 말합니다. '완전히 이루어진 것은 모자란 듯한' 고졸의 삶을 기계는 할 수 없습니다. 자연스러운 새로운 문화는 인간의 가치를 재조명하고 키워나갈 수 있고 기계와 다른 방향의 능력을 발휘하며 인간과 기계가 조화롭게 살 수 있게 되는 것입니다.

인간의 가장 큰 가치는 '느낌'입니다. '느낀다는 것'입니다. 사랑, 소통, 발견 등 모든 행위들의 전제에 반드시 필요한 것이 동기 부여이며 이는 '느낌'의 발견이라 생각합니다. 기계는 느낌을 알 수 없기 때문에 스스로 동기를 부여하지 못하고 인간을 학습하고 모방할 뿐입니다. 누군가 여러분에게 "아이를 전문가가 되게 해줄 테니 아이를 내가 조정할 수 있게 해주시오."라고 제안한다면 아마 수락하는 부모는 없을 것입니다. 아이의 삶이 조종당하며 사는 것을 바라는 부모는 없을 테니까요. 영화 "매트릭스"에서 주인공에게 선택의 순간이 주어집니다. 빨간약을 먹으면 현실로 돌아가 혹독한 환경을 마주해야 하고 파란 약을 먹으면 다시 거짓된 가상공간으로 돌아가 안주할 수 있다는 것입니다. 주인공은 파란 약을 택했고 기계와 맞서며 힘든 일들을 겪게 되지만 결국 꼭두각시의 삶이 아닌 자신의 삶을 살게 된다

는 내용입니다. 아이들은 태어나서부터 스스로 성장합니다. 지금 당장 어려움은 있지만 현실을 몸으로 느끼고 차차 장애를 극복해가며 성장하는 것입니다.

　　우리가 인공지능과 같은 영역에서 고민할 때 우리는 조종당할 수밖에 없습니다. 조정당하지 않기 위해 '느낌'이 필요합니다. 아이들은 스스로 경험해야 하고 스스로 느끼고 스스로 생각하는 환경이 꼭 필요합니다. 기존 문화에 적응하기 위한 기계적 도시적 문화도 있어야 하지만 자연적, 생태적 환경에서 자신의 느낌을 더욱 잘 살필 수 있는 기회를 숲을 통해 제공할 수 있습니다.

아이들은 이미 자연을 책, 학교 등에서 '학습'으로 모방하며 '느낌' 없는 삶을 시작합니다. 느낌 없는 삶은 기계적인 삶으로 인공지능과 다를 바 없습니다. 인공지능뿐만 아니라 세상의 모든 사람들과 서로 경쟁관계가 될 수밖에 없습니다. 이제 인간은 인간다운 삶을 살고 기계는 기계다운 일을 할 수 있어야 합니다. 그러기 위해서는 아이들이 자연을 느끼며 도시적 시각뿐만 아니라 자연스런 새로운 시각을 가질 수 있도록 환경을 제공해주어야 합니다. 아이와 함께 숲길을 걸으며 자연을 느끼고 좋은 추억도 덤으로 가져가시길 바랍니다.

# 4 누구나 예술가가 되는 숲

　'예술' 하면 막연히 어렵고 복잡하게 생각할 수 있지만 단순히 이야기하면 예술이란 '표현'입니다. 한적한 '숲'은 아이는 물론 성인까지 모든 연령대의 사람들이 자신을 마음껏 표현할 수 있는 곳이기에 예술을 경험하기에 딱 좋은 공간입니다. 미국과 유럽에서도 1960년대부터 지금까지 대지미술(Land Art), 자연미술(Nature Art)의 영역에서 많은 예술가들이 활동하고 있으며 국내에서도 자연미술가 그룹 '야투'가 약 35년 전부터 공주에 터를 잡고 자연미술을 발전시키고 있습니다.

　미술, 음악 등의 예술은 어린이집, 유치원, 초등학교에서 교육적으로 중요한 위치를 차지하고 있습니다. 사람들이 예술을 하는 이유는 스스로 느낀 것을 표현하고 싶기 때문입니다. 대상을 좀 더 자세히 관찰하면 표현하는 방법을 고민하게 되는 것이죠. 이러한 과정과 결과에 발견의 기쁨, 감정 이입, 열린 마음 등의 요소가 많기 때문에 교육적으로 중요하다고 생각하는 것입니다. 아이들이 부모에게 자신이 본 것, 만진 것, 맛본 것을 설명하려고 노력하는 것도 관찰하고 느낀 것을 표현하려는 것입니다. 독일의 환경교육자 안트레아 귀틀러는 자연미술이 특별한 경험으로 아이를 성장시킨다고 합니다. 다양한 감각을 발달시키는 지각력, 자연 환경에 따른 임기응변의 유연성, 시간이 멈춘 것 같은 몰입감, 자연과의 긴밀한 관계에서 오는 소통 및 동기 부여, 몸과 마음을 움직여서 활동하는 운동능력과 열린 마음, 작품 소개를 통한 표현력 등 다양한 능력을 향상시키는 데 도움이 된다고 하였습니다.

아이들에게 자연미술은 예술놀이로 친근하게 다가갑니다. 과거의 강의식 교육에서 놀이를 기반으로 체험학습을 하는 경우가 많습니다. 체험학습의 문제는 놀이가 이미 틀에 맞추어진 형식 놀이라는 점입니다. 틀에 맞춘 형식으로 진행하다 보니 아이들이 표현하는 범위도 한계가 있는 것입니다. 예술은 무한한 상상과 자유로운 활동이 가능해야 합니다. 놀이다운 예술을 위해 마음껏 표현할 수 있는 자유로운 환경을 제공하는 것이 중요합니다. 환경을 만들 때는 나이에 따른 단계별로 아이들의 성향을 잘 이해할 필요가 있습니다.

우선 6세까지의 아이들은 마법의 단계로 모든 것이 살아 있다고 생각하는 경향이 있습니다. 쉽게 동기 부여가 되고 솔선수범하며 창의적입니다. 이를 지속하기 위해 많은 감각을 사용할 수 있는 놀이 형식의 재미있는 활동이어야 하고 현재에 몰두할 수 있도록 결과보다 과정에 집중하게 해줘야 합니다. 손목에 바세린 같은 젤을 바르고 나뭇잎이나 꽃잎 등을 붙여 팔찌를 만들거나 문신으로 표현하는 방법 등 간단한 놀이로 쉽게 자연미술을 즐길 수 있습니다. 6세 이상 초등학생들은 환상과 현실의 세상을 나누어 받아들이기 시작하는 단계입니다. 창의적 비유나 상징을 좋아하고 그림보다 만들기 등의

삼차원적 도전을 즐기게 되며 색깔, 모양, 냄새, 촉감, 맛 등 모든 감각을 활용한 육체 활동을 좋아합니다. 신체 활동과 성장을 통해 발달한 육체를 가진 14세 이상의 청소년과 성인들은 규모 있는 작품을 통해 협동 활동도 가능해집니다. 높은 돌탑이나 아치형의 돌문을 만들어보는 것만으로도 즐겁게 자연미술을 할 수 있습니다. 아이와 부모 모두에게 더 풍성한 활동이 되려면 자연미술 사진이나 현장에서 다양한 작품을 접하고 마음에 드는 작품을 따라해 보는 것도 좋습니다.

자연미술은 누구나 할 수 있는 예술로서 예술가들에게 탐구의 대상이었습니다. 탐구하는 주된 이유는 자연에서 진리를 찾으려 했기 때문일 것입니다. 지금도 수많은 과학자들이 자연을 탐구하며 새로운 발견과 발명으로 사회를 윤택하게 하고 있습니다. 인류에게는 자연을 통해 느끼고 배울 것이 무수히 많이 남아 있습니다. 『연필명상』의 저자 프레데릭 프랑크는 보고 그리는 일은 명상과 같다고 했습니다. 자연을 보고 그리는 것이 온전히 살아 있는 세상을 의식하고 완전한 관심을 기울이는 법에 대한 수련이라는 것입니다. 명상이 가르치고 직면하고자 하는 것은 자연입니다. 자연은 주변 모든 곳에 있으며 자세히 바라보고 그리는 행동만으로 자연미술이 되고 예술이 됩니다. 자연미술은 아이들뿐만 아니라 청소년, 성인도 모두 즐길 수 있는 예술로 누구나 자연에서 느낀 것을 그 안에서 표현하며 스스로를 돌아볼 수 있습니다. 라인하르트 카를은 "마음을 기울여야만 마음에 남는 체험이 가능하다."고 했습니다. 숲에서 자연에 마음을 기울이며 느낀 마음을 표현하려 할 때 마음에 남는 체험이 가능한 것이라 생각합니다. 지금까지 이야기한 것이 어렵게 느껴지신다면 쉽게 '자연미술은 놀이다' 이것만 생각하시고 아이와 숲에 가서서 함께 돌탑을 쌓고 나뭇잎 모자도 만들며 자연이 전해주는 이야기를 나눠보시면 좋겠습니다.

# 5 자연스럽게 커가는 아이들

　날이 건조하면 산불에 대한 이야기가 많이 오르내립니다. 산불은 때로 진화해도 다시 발화하며 많은 수목을 태우기도 합니다. 산불은 인간에 의해서 일어나기도 하지만 자연 현상이기도 해서 산에 사람이 없어도 자연스럽게 불이 날 수 있다고 합니다. 인간의 역사에서 전쟁이 발생하는 것도 자연적인 것이라고 해석되기도 합니다. 인간이 있는 사회에는 반복되는 흐름이 있습니다. 역사를 공부하는 것은 인간의 자연스러운 흐름을 공부하고 잘못된 역사를 반복하지 않기 위해서라고 합니다. 산불도 전쟁도 성장을 위해 존재합니다. 아이의 성장도 자연 속 성장 흐름 안에 있습니다.

　산불로 시작되는 자연의 순환을 임의로 구분지어보면 울창한 숲, 산불, 잿더미, 새싹, 새로운 숲의 순서로 볼 수 있습니다. 요즘에는 보통 산불이 인간의 실수로 발생하고 있지만 산불은 자연의 순환고리 중의 하나의 단계입니다. 순환의 시작을 울창한 숲에서 시작해

보겠습니다. 울창한 숲은 거대한 나무들이 햇빛을 독차지하는 더 없이 좋은 환경이지만 작은 새로운 생물에게는 참으로 이겨내기 어려운 환경입니다. 생쥐와 호랑이, 아이와 어른같이 작은 것과 큰 것의 싸움은 작은 것이 이기기 힘든 싸움입니다. 새로운 생명이 스스로 생존하기 위해 기존의 질서를 흔드는 환경이 필요합니다. 약한 생명은 그때까지 숨죽이고 살아가는 방법을 개발하고 기다립니다. 그리고는 천재지변의 기회를 통해 잿더미 속에 자리를 잡습니다. 고온의 환경에서도 피어나도록 준비된 씨앗들은 새싹을 틔워냅니다. 잿더미 속에서 싹튼 씨앗들은 불공정한 환경에서 그들만의 경쟁을 하며 자리를 잡고 쑥쑥 자라게 됩니다. 풀밭 같은 초원의 초본류가 모여 흙을 모으고 다양한 미생물과 땅 속 생물들을 모아 땅을 기름지게 합니다. 풀이 무성하게 자라면 다양한 동식물들이 모이기 시작하고 작은 키의 낮은 그늘을 드리운 관목들이 성장합니다. 관목에 따른 동물들이 모이고 살아가며 생물 다양성을 높이고 소나무 같은 침엽수를 거쳐 마지막엔 참나무 같은 활엽수의 교목으로 발전해갑니다. 차차 다양한 식물들이 숲에 서식하고 그에 따른 동물들이 함께 살아가는 것입니다. 즉 삶의 다양성을 위해 자연은 스스로를 태우며 아주 오랜 시간에 걸쳐 다양성을 보존하고 조금씩 발전해나갑니다.

　　역사의 순환은 어떨까요? 보통 전쟁은 배고픔에서 기인합니다. 지금까지 알려진 역사를 비춰볼 때 인류는 다양한 문제를 해결하며 발전해왔습니다. 가장 첫 번째 큰 문제인 추위와 배고픔을 해결하기 위해 먹을거리와 잠자리를 찾아 먼 거리를 이동하였습니다. 도구를 발전시켜 동물을 사냥하고 곡식을 키워 정착하게 되었습니다. 먹을거리의 증가는 인구의 증가를 가져옵니다. 인구가 증가하면 곡식을 만들 땅이 더 필요해집니다. 인구의 증가는 땅과 음식의 부족으로 인근 지역과의 전쟁 원인이 됩니다. 전쟁 중 가장 많이 이야기되는 삼국지의 배경인 중국 역사를 순환의 관점에서 구분해보면 배고픔, 전쟁, 혼돈, 영웅, 새로운 국가의 순서로 볼 수 있습니다. 배고픔을 바탕으로 만들어진 단체의 힘을 이용하여 권력자들이 전쟁을 일으킵니다. 전쟁은 기존의 평화를 흔들어 혼돈을 만들어냅니다. 혼돈은 여기저기에 잠들어 있는 유비, 제갈량, 조조, 손권 등의 다양한 영웅을 세상으로 나오게 하여 다양성을 만들어냅니다. 그 다양성이 융합되며 새로운 세상을 만드는 것이 역사인 것입니다. 이는 앞서 말씀드린 산불의 자연 흐름과 매우 유사합니다.

역사의 흐름과 자연의 흐름은 아이의 성장 흐름과 닮았습니다. 자연과 역사의 거대한 순환을 사람의 문제 해결이라는 작은 순환으로 바꿔보면 그 흐름이 유사하게 느껴집니다. 사람은 살아가며 수많은 어려운 문제들을 만나게 되고 그 문제를 다양한 시도를 통해 해결하며 성장해왔습니다. 사람의 순환을 나눠본다면 문제, 고난, 성장, 새로운 삶의 흐름으로 순환한다 할 수 있겠습니다. 문제를 만나면 고통을 포함한 고난과 장애가 발생합니다. 고난을 견디어내는 과정을 통한 경험과 학습으로 한 단계 더 성장을 하게 됩니다. 그 성장을 토대로 더 높은 목표와 더 나은 삶을 살 수 있게 되는 것이지요. 아이가 처음 걸음마를 시도할 때 문제는 두 발로 서지 못한다는 것입니다. 양손으로 벽을 잡고 두 발로 선 후 팔을 떼면 바로 넘어지기를 반복하며 고난의 시간을 보냅니다. 충분히 고난을 겪고 나면 두 손을 떼고도 몇 초간 서 있는 다리의 힘을 기르며 성장합니다. 다리로 서면 시선은 기어다닐 때보다 높아져 새로운 삶을 살 수 있게 되는 것입니다. 아이는 3천 번을 넘어져야 걸을 수 있다고 합니다. 두 발로 걷는 것, 처음 말하는 것, 새로운 것을 알아내는 것, 대학에 입학하는 것, 취업하는 것, 연애 후 결혼하는 것 등 문제에서 시작해 새로운 삶으로 이끄는 일들은 일생에 넘칩니다. 인간에게 있어 계속되는 문제와 고난이란 인간의 성숙을 위해 자연이 준 숙명적 선물이 아닌가 생각해봅니다.

우리 아이들도 마찬가지겠지요. 자연의 흐름처럼 아이들의 성장을 위해 문제가 필요할 것입니다. 부모가 아이를 위해 대신 걸어주고 대신 몸에 좋은 것을 먹을 수 없습니다. 아이 스스로 문제를 해결해 볼 수 있는 환경을 제공해주는 것이 진정한 사랑이 아닐까 생각합니다. 숲은 아이가 스스로 문제를 해결하기에 좋은 환경입니다. 아이가 어릴수록 자연적이고 자연은 자연적인 것 이상의 환경을 제공하지 않습니다. 도시에는 빠른 자동차가 있습니다. 석유 같은 기름, 부탄가스, 플라스틱 같은 독성 물질도 있습니다. 도시는 인공의 물질들이 가득해 안전하고 자연적인 흐름의 공간을 만들기 어렵지만 숲은 모든 것이 자연스럽습니다. 나무, 잎, 흙, 꽃 등을 만지고 먹으며 다양하게 느껴보아도 건강에 심각한 지장을 주지 않습니다. 아이의 몸은 수천 년간 인간이 겪어온 위험으로부터 보호되는 DNA를 가지고 있기 때문입니다. 시선이 몸을 움직여 자연스레 잔가지들을 피하게 합니다. 호기심에 흙을 먹어보기도 하지만 바로 뱉어냅니다. 나뭇잎의 쓴맛은 먹을 수 없다고 뇌가 명령해 먹지 못합니다. 경사진 곳은 가까이 가지 않고 눈대중으로 살핍니다. 아이 스스로 자신을 지키는 것입니다. 부모가 아이를 믿지 못한다면 과도한 제제를 할 수 있습니다. 과도한 보호는 아이의 기본적인 성장의 기회를 뺏는 것입니다. 숲은 도시와 다릅니다. 아이들과 함께 문제와 기회가 가득한 숲에 가보세요. 자연은 봄, 여름, 가을, 겨울 사계절 항상 다양한 문제를 제공할 준비가 되어 있으니까요.

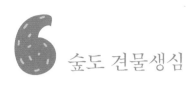

# 6 숲도 견물생심

　얼마 전 오랜만에 대형마트에 갈 일이 생겼습니다. 필요한 물건을 장바구니에 담고 요즘 어떤 물건들이 있나 궁금하기도 해서 매장을 둘러보게 되었습니다. 주로 이용하는 재래시장은 동선이 일직선이라 쭉 가며 좌우만 보면 되는데 마트는 바둑판 동선이라 한눈에 보이지 않아 이길 저길, 이층 저층 돌다 보니 옷도 사고 싶고, 가구도 필요한 것 같고, 전자제품도 눈에 들어오고, 빵도 먹고 싶어지더군요. 돈만 있다면 정신없이 카트에 가득 물건을 담았을 것 같습니다. 다행이 모든 유혹을 물리치고 나와서 가다 보니 문득 방금 전에 그렇게 사고 싶고 먹고 싶던 것들이 전혀 생각나지 않는다는 사실을 알게 되었습니다. 과거 직장생활을 할 때를 떠올려봅니다. 주중에는 하루 종일 일하느라 정신없이 바쁩니다. 토요일이 되면 아이들과 휴식의 시간을 가지고 일요일에는 다음 주에 먹을 음식을 산다며 대형마트에 들러 쇼핑을 합니다. 카트를 끌고 바로 먹을 것도 넣고 나중에 먹을 것도 넣고 언젠가 먹을 음식도 넣습니다. 무거워진 카트를 밀고 길게 늘어선 계산대에 줄을 섭니다. 쇼핑을 마치고 집에 돌아와 냉장고를 채우면 한 주가 끝납니다. 월요일부터 다시 일을 하러 갑니다.

견물생심(見物生心)이라 했습니다. '어떤 물건을 실제로 보면 가지고 싶은 욕심이 생긴다.'라는 뜻의 사자성어인데 마트에서의 일만 생각해봐도 금세 공감되는 말입니다. 생각해보니 지금까지 함께 숲활동하는 친구들도 유사한 느낌이 있습니다. 숲과 산 등 자연이 보이는 곳에 거주하는 부모와 아이들의 참여율이 자연이 거의 보이지 않는 도시 한복판의 아이들보다 더 높은 것은 견물생심의 환경 차이라고 생각합니다. 이리 보고 저리 봐도 현란한 간판뿐인 곳에서는 작은 꽃들이 보이지 않습니다. 높은 빌딩들이 커다랗게 서 있는 곳에서는 키 큰 나무도 비교할 수 없이 작아 눈에 보이지 않습니다. 손 안의 핸드폰에 붙잡힌 눈은 쉴 새 없이 화면을 보느라 바쁩니다.

도시의 삶은 '인공적'이고 '소비적' 공간으로 도시 아이들의 대부분의 생활공간은 집, 학교, 학원, 마트가 아닐까 싶습니다. 잠깐 짬이 난다면 골목, 놀이터, 작은 공원 등도 있겠지요. 대부분은 '인공적'이고 '소비적'인 환경에 많이 노출되어 있습니다. 학교가 만들어놓은 교육 체계, 부모가 만든 생활 체계, 마트가 만든 소비 체계 속에서 아이들은 모방을 통해 배우고 성장해갑니다. 인공적이고 소비 지향적인 환경은 아이들이 인공적인 것을 소비하는 데서 행복을 찾도록 만듭니다. 소비문화는 대자연과 인간의 자연적 체계를 보지 못하게 합니다. 겉으로 보이는 소비는 타인과의 비교로 이어져 상대적 박탈감을 가지게 합니다. 박탈감은 자기 주도성을 낮추고 작은 성취가 주는 행복을 느낄 기회를 상실하게 합니다. 행복의 기회가 줄어들면 삶의 질이 저하되고 불행한 삶을 살게 될 가능성이 높아집니다. 아이의 행복한 삶을 위해 자연의 생산적 체계를 경험시켜야 합니다. 자연환경은 소비 체계가 아닌 생산하는 체계로 아이 스스로 자연을 관찰하고 발견하는 능동적 환경입니다. 자기 스스로의 동기로 인한 활동은 남과의 비교가 아닌 자신의 느낌에 집중하게 하여 작은 행복을 느낄 수 있게 합니다. 이런 자기 주도적 태도는 자아존중감을 향상시켜 행복한 삶을 살 수 있게 합니다.

　부동산 관련 책들에서 거주할 부동산의 가치를 평가할 때 가장 주목하는 것은 교통과 교육입니다. 교통은 출퇴근하기 좋은 지역을 말하고 교육은 아이들이 공부할 환경을 갖추었는지를 말합니다. 거기에 추가되고 있는 주요 요인이 환경입니다. 최근 각광받고 있는 부동산을 보면 근처에 커다란 녹지공간을 가지고 있는 경우가 많습니다. 작은 공원이 아닌 도시 숲 개념의 공원, 인근의 작은 산 등이 중요 요인으로 작용하고 있습니다. 젊었을 때는 도시로 향하던 삶의 방향이 연륜이 쌓이고 세월이 지날수록 다시 자연으로 돌아가고 있는 것 같습니다.

　아이가 사는 환경은 숲, 강, 바다 등 자연을 볼 수 있는 환경이 되어야 하지만 도시 아이들에게는 자연을 접할 시간과 공간이 많이 부족합니다. 발전이란 이름으로 도시화된 세상에서 자연과 점점 멀어져갈 때 인류의 미래라는 장기적 고민은 둘째로 치더라도 지금 자라나고 있는 아이들의 미래는 어둡기만 합니다. 행복한 삶을 살 수 있을지 걱정이 됩니다. 학교 – 집 – 학원 – 마트를 돌며 도시가 원하는 삶을 살면 아이들은 남들이 부러워하는 성공한 삶을 살 수 있을지도 모르지만 자신이 원하는 행복한 삶은 아닐 것입니다. 남이 원하는 삶을 살기보다 자신의 삶을 보기 위해서라도 자연은 필요한 환경입니다. 뒤늦게라도 자신을 알기 원하는 사람들이 찾기 좋은 곳도 숲입니다. 사람들은 내가 누구인가 찾기 위해 강의를 듣기도 하고 책을 보기도 하며 혼자 고민도 해봅니다. 여러 가지 시도해보지만 오리무중입니다. 근처에 숲이 있다면 자신을 돌아볼 기회를 가질 수 있습니다. 어릴 적 숲에 대한 경험이 있다면 숲을 찾을 확률은 더 높아집니다. 지금 밖에 산이 보이지 않거나 생활 동선에 자연물이 부족해 생명이 느껴지지 않는다면 아이들이 자연을 느끼지 못하는 불행한 상황이 올 수 있습니다. 더 늦기 전에 한 달에 한 번이라도 가족과 인근 산이나 공원이라도 가보시길 권합니다. 지금도 늦지 않았습니다. 아이의 마음속에 자연의 씨앗을 심어주세요. 씨앗이 피어날 때 자신의 삶을 살아갈 수 있을 겁니다. 자신의 삶을 사는 아이는 행복합니다.

온실의 아이 광야의 아이

　　2017~2018 겨울에 한동안 시베리아 같은 추위가 몰아쳐서 오랫동안 키운 화초가 죽고 말았습니다. 베란다의 늘 그 자리에서 자라온 화초를 깜빡 하고 만 것이죠. 장기간의 강추위로 베란다에 놓인 세탁기도 동파되어 터지는 상황이었습니다. 햇볕이 들어도 추운 마당에 빨래도 못 하게 되니 베란다는 있어도 없는 공간이 되었습니다. 그러자 베란다에 나가는 일이 차차 줄었고 화초의 상태를 늦게 알아차리게 되었죠. 발견하자마자 집안으로 들여놓고 상태를 지켜봤는데 이미 풀이 죽기 시작한 화초는 속절없이 고개를 꺾고 말았습니다. 나무이긴 한데 단단한 줄기가 아닌 연한 새싹 같은 줄기라 그런지 쇠퇴하는 속도가 무척 빠르게 느껴졌습니다. 점점 말라 쪼그라들고 화석처럼 굳어서 죽은 화초를 바라보니 뒤늦은 후회가 몰려왔지만 이미돌이킬 수 없었습니다. 아쉬운 마음에 죽은 화초를 안방 한 귀퉁이에두고 생각날 때마다 바라보니 환경의 중요성을 깊이 느끼게 되었습

니다. 어른은 물론이고 아이들도 마찬가지로 환경이 중요합니다.

　화초마다 크는 환경이 따로 있습니다. 집에서 키우는 화초들은 선물로 받은 것도 있고 구매한 것도 있고 다양합니다. 다양한 만큼 각각에 맞춘 환경에서 자라야 하는데 집의 공간이 넓지 않고 한정되어 같은 공간에서 키우는 경우가 많습니다. 그러다 보니 많은 화초들이 잘 살지 못하고 일정한 종류의 화초만 살아남게 됩니다. 화초들은 자신들이 커야 할 환경이 있는데 스스로는 그렇게 할 수 없고 말도 못 하니 주인이 잘 보살펴주지 않으면 새로운 환경에 적응하지 못하고 힘겹게 버티다 죽게 되는 것입니다. 보통의 자연환경은 특별한 관리를 해주지 않아도 쑥쑥 자라지만, 인간이 만든 환경은 화초들에

맞게 잘 보살피고 아껴줘야 잘 자라지요. 자연에서는 자연스럽게 크는 반면, 집안에서 크는 것은 부자연스럽고 인위적으로 자라는 것입니다. 도시에서 태어나 살아온 사람들은 도시의 환경에 살면 될 것 같은데 그렇지 못합니다. 나이가 들어갈수록 육체적, 정신적 건강을 위해 자연과 가까워지고 싶어 합니다. 집에서 식물을 키우는 것도 집 근처에 공원이나 산이 있기를 바라는 것도 그런 이유 때문입니다. 집에서 식물을 키우고 싶어 하는 사람들은 집의 환경을 식물에 맞춰 바꾸기도 하고, 매해 식물을 사고 죽이는 것을 반복하기도 하고, 전문가를 고용하기도 하며 식물을 키워갑니다. 산이나 공원 옆으로 이사를 한 사람들은 수시로 산과 공원에 갑니다. 어릴 적에 느끼지 못했을 뿐 인간은 언제나 자연적인 환경을 원하는 것입니다.

과거에 자녀 교육을 이야기할 때 "온실 속 화초처럼 키울 것이냐?", "광야의 잡초처럼 키울 것이냐?"라는 질문을 들었던 기억이 있습니다. 온실은 씨앗을 배양해서 일정한 간격으로 모종을 관리하고 쑥쑥 키워나가고 광야는 씨앗 스스로 자신이 커나갈 환경을 찾아 발아를 하고 비바람을 맞으며 천천히 자랍니다. 사람마다 관점의 차이는 있겠으나, 온실과 광야는 "삶의 주체가 누구냐?"에 대한 관점으로 보면 큰 차이가 느껴집니다. 전자는 타자에 의한 삶이고, 후자는 자신에 의한 삶입니다. 전자는 획일적 경험을 하고, 후자는 다양한 경험을 합니다. 전자는 인공적인 것이고, 후자는 자연적인 것입니다. 이런 환경적 차이 속에 두 식물이 커서 어려운 환경을 겪게 되면 주어진 환경을 바라보는 관점은 매우 다를 것입니다. 광야의 식물은 물이 부족하면 아끼려고 할 것이고, 햇빛이 강하면 숨을 죽일 줄도 알고, 벌레가 꼬이면 자신의 몸 일부를 빌려주며 공생하기도 할 것입니다. 온실의 식물은 물이 부족하면 하염없이 물을 기다리고, 햇볕이 강하면 그늘막과 밤을 기다리고, 벌레가 꼬이면 약을 쳐서 털어내주길 기다릴지 모릅니다. 광야의 식물은 장애를 넘어야 할 것으로 보는 반면 온실의 식물은 장애를 회피해야 할 것으로 보는 것입니다. 광야와 온실 두 식물 중 삶에 더 잘 적응하며 잘 살아갈 식물은 광야에서 키운 화초일 것입니다. '온실'과 '광야'는 '집'과 '자연'의 관계와 유사하다고 할 수 있습니다.

우리 아이들은 어떤가요? 온실에서 키우고 있나요? 광야에서 키우고 있나요? 겨울은 점점 추워지고 있는 것 같습니다. TV, 라디오, 포털, SNS에서 매일매일 내려가는 온도와 방한 방법을 이야기하며 온실에 있으라고 이야기합니다. 아이들은 추위에 관계없이 놀이를 통해 겨울을 경험하고 즐길 수 있습니다. 생각하기에 따라 추위가 피해야 할 두려움이 아니라 새로운 경험으로 인식될 수 있습니다. 그러나 지금 대부분의 부모님들은 자신이 경험하지 못한 아이의 도전을 안전과 보호라는 이름으로 하지 못하게 하고 있습니다. 온실에 가둬진 친구들은 앞으로 장애를 이겨낼 수 있는 힘을 가지지 못합니다. 아이들은 밖에 나가 스스로 놀지 못하며 놀지 못하는 아이들은 생기가 없습니다. 몰입, 창의력, 체력 등 다양한 장점을 최대로 살릴 수 없습니다. 아이들의 잠재력은 자기주도적인 놀이에 있기 때문이지요. 온실은 관리되는 것이고 광야는 자기주도적인 것입니다. 관리받는 아이보다 자기주도적인 아이가 더 행복한 삶을 살 수 있는 가능성은 매우 높습니다. 아이들을 '온실'에서 키우고 싶은 부모는 없습니다. 단지 광야에 대한 두려움으로 나서지 못할 뿐입니다. 각각의 식물마다 자신에게 맞는 환경과 삶이 있듯이 아이도 아이에게 맞는 환경과 삶이 있습니다.

히라이 쇼수의『좌선을 권하다』라는 책에 이런 말이 나옵니다. "머리로 배우려 하지 말고 몸으로 익히자. 막상 해보면 불안과 공생하는 것도 그리 어려운 일이 아니란 걸 알 수 있을 것이다." 막상 광야에 나가면 생각보다 장애가 크지 않을 수 있습니다. 앞으로 아이들이 만날 지적, 물적 환경의 변화는 지금 부모님이 생각하는 것 이상으로 변화무쌍할 것입니다. 조금은 두렵더라도 아이의 선택을 존중하고 함께한다면 더 좋은 환경에서 아이들이 최대한의 능력을 발휘하며 자라날 것이라 생각합니다. 아이들에게 광야를 선물해주십시오. 밖에서 뛰어놀 수 있는 환경으로 숲을 제안합니다. 계절을 가리지 말고 광야의 숲으로 나가 부모님들이 아이와 함께 좀 더 자연에 가깝게 다가가시기 바랍니다.

# 8 호기심이 피어나는 숲

부모 강의를 갔는데 한 어머님이 여행에 대한 질문을 하셨습니다. "주변에 아이들은 주말마다 여기저기 여행 다니고 어떤 아이들은 해외도 가고 하는데 저도 아이를 위해 가야 하는 것 아닌가 싶어요." 대부분의 가정이 주말이면 아이와 함께 여행이나 체험학습을 다니느라 바쁩니다. 주변에서 그런 모습을 자주 보면 "나도 해야 하나?", "나만 안 하면 어떡하지?" 같은 생각이 드는 것은 너무나 당연한 것 같습니다. 평일에 잘 놀아주지 못한 미안함과 죄책감으로 쉬어야 할 주말의 하루 혹은 이틀 모두를 피곤한 몸을 이끌고 힘겹게 보냅니다. 아이가 진정 행복하려면 부모부터 행복해야 하는데 말이죠.

부모님들은 왜 아이들과 여행, 체험 등을 하려고 하는 것일까요? 아이에게 새로운 환경을 제공하여 더 좋은 더 빠른 성장을 시켜주고 싶어서일 것입니다. 새로운 환경으로 새로운 경험을 주는 이유는 아이의 호기심을 자극하는 것입니다. 호기심을 위해 꼭 멀리 가야 할까요? 여행의 목적은 낯선 장소로 떠나 뇌에 새로운 자극을 주기 위해서입니다. 기존의 환경은 뇌에 자극을 주지 못하므로 여행대신 책을 보기도 하는데 책을 작은 여행이라고 부르는 이유입니다. 회사의 워크숍, 학교의 현장체험학습, 가족의 여행은 기존의 틀을 벗어나 휴식도 취하고 새로운 관점을 가지게 하는 목적으로 가는 것입니다. 아이들의 뇌는 어떨까요? 아이가 어릴수록 시야는 매우 좁고 공간감각은 떨어집니다. 아주 어린 시기에는 방만 바꿔줘도 새로운 환경으로 인식하고 행동을 하는 경우가 많습니다. 『부모 공부』라는 책에 의하면 아이는 평균 1시간에 100번 질문을 하고 아이와 부모가 친밀한 경우에는 더 많이 한다고 합니다. 부모라면 다들 경험하셔서 아시겠지만 아이들의 질문에는 끝이 없습니다. "왜?", "왜?", "왜?", "이게 뭐야?", "저게 뭐야?"라며 계속 묻고 있지만 부모들은 모든 질문에 대답하기 힘듭니다. 대답을 해도 "몰라", "선생님께 물어봐", "인터넷에서 찾아볼까?" 등 두리뭉실하게 대답하는 경우가 많습니다. 꼭 여행을 가지 않아도 아이들의 세상에 대한 호기심은 왕성하니 특별한 여행보다는 아이들의 물음에 답하는 것에 신경을 더 써야 합니다.

아이의 성장을 위해 여행은 필요합니다. 여행은 호기심을 만들고 대화로 답하기 위해 가는 것입니다. 여행은 자기와의 대화라고도 합니다. 주변 환경에 대해 자신과도 대화하지만 함께하는 사람과도 대화합니다. 여행 시 대화의 질은 매우 깊고 의미가 있습니다. 진짜 여행은 질문과 답으로 이어져야 하는 것입니다. 멀리 떠나왔는데 깊고 의미 있는 진짜 대화가 없는 경우가 많습니다. 멀리 가기 위해 오랜 시간 이동합니다. 아이에게 핸드폰 등을 이용해 동영상을 보여주며 가는 동안 조용하길 바랍니다. 도착한 장소에서는 진행자와 대화하고 동물들과 대화하고 전시물과 대화합니다. 부모와의 대화는 없습니다. 지식에 대한 얕은 호기심은 충족시킬 수 있으나 상상하고 고민한 내용까지는 채워지지 않습니다. 먼 거리 이동으로 소모되는 에너지를 집 앞 공원에 나가 함께 이야기하는 시간에 쓴다면 아이에게 더 많은 호기심을 충족시켜줄 것입니다. 멀리 있는 기쁨 20%를 위해 이동하는 시간 80%를 불행하게 보낸다면 과정보다 결과를 중시하게 되고 과정이 너무 어렵고 싫어 쉽게 포기하는 삶을 살 수도 있을 것입니다. 지금을 충실히 살지 못하는 삶은 행복한 삶이라 부르기 어렵습니다.

여행 장소로 숲을 추천합니다. 숲은 질문거리가 많은 곳입니다. 숲은 생명이 가득한 곳입니다. 숲은 아이들에게 호기심을 선물할 수 있는 환경입니다. 어린아이들의 질문의 양만 보더라도 호기심은 인간의 본능입니다. 호기심을 해결하기 위해서는 세심한 관찰과 깊은 사고와 실천이 필요합니다. 끈기 있는 질문이 아이의 생각을 깊이 있게 키워갑니다. 호기심이 가장 왕성할 때는 스스로 활동하는 때이고 상호소통이 활발한 환경에 있을 때입니다. 그런 의미에서 자연 환경이 아이의 호기심을 키우는 최적의 환경을 만들어줄 수 있을 것입니다. 아이들은 대부분 도시에 살며 인공적이고 변하지 않는 죽어 있

는 공간 안에서 생활합니다. 이에 비해 자연은 사계절 변화하는 공간을 만들어가며 살아 있습니다. 고정된 것보다 변화하는 것이 더 다양한 환경을 만들고 다양한 환경은 다양한 호기심을 만듭니다. 다양한 호기심은 지적 호기심으로 이어집니다. 이러한 흐름은 아이를 깊이 있고 겸손하며 노력하는 성품으로 성장시킬 수 있는 씨앗을 심을 수 있게 합니다. 자연과 아이의 긴밀한 상호작용과 안정적 애착이 더해지면 그 효과는 더 긍정적일 것입니다.

20세기 대표적 교육 사상가였던 파울로 프레이리는 호기심은 질문과 답변이라고 이야기했습니다. 아이들을 위한다면 더 멀리 더 신기한 것을 찾아 힘들게 다니기보다 어린 시절부터 아이의 호기심에 관심을 가지고 질문에 답하는 친밀한 대화가 더 중요하다는 것을 말씀드리고 싶습니다. 부모님도 아이도 밖으로 나가고 싶을 때 몸이 힘드시면 멀리가기보다 집 앞 공원이나 근처 산에 가서 편하게 자연을 즐겨보시면 어떨까 싶습니다.

3장

숲 놀이터

겨울 숲에서 신나는 아이들!

눈이 내리는 풍경은 옛날에는 당연한 것이었습니다. 그러나 지속적인 도시화의 영향 때문인지 도시는 점점 따뜻해진 겨울을 보내고 있습니다. 눈과 추위는 과거에 지극히 자연스런 겨울 현상이었는데 자주 만날 수 없으니 반가워해야 할 현상이 되고 있습니다. 일반적인 도시생활을 하시는 어른들은 눈이 오면 '춥다, 미끄럽다, 지저분하다' 등 부정적 생각을 많이 할 수 있습니다. 어른과 달리 아이들에게 눈 쌓인 풍경은 자연의 다른 모습을 느낄 수 있는 좋은 기회입니다. 아이들은 눈 오는 진짜 겨울을 정말 좋아합니다.

겨울 하면 떠오르는 것들은 차가운 바람, 추운 몸, 미끄러운 빙판길, 도로의 시커먼 눈 등의 부정적인 것도 있고 그와 반대로 따뜻한 방, 포근한 옷이나 손길, 크리스마스, 하얗게 쌓인 눈, 눈썰매, 크리스마스와 가족, 연인 등 긍정적인 것들도 있습니다. 이런 긍정과 부정의 시각은 대부분 어른들의 시각이지요. 사계절을 모두 몸으로 경험해본 아이들이라면 봄, 여름, 가을, 겨울 사계절 중 어느 계절을 좋아할까요? 의외로 많은 아이들이 겨울을 선택한다고 합니다. 그 이유를 물으면 '눈' 때문이지요. 눈으로 놀 수 있는 놀이가 다양하기도 하지만 눈이 내리면 세상이 새하얗게 변신하기 때문이기도 할 것입니다. 아이들은 변화된 환경에서 자기만의 놀이를 찾아 놀 수 있습니다. 어떤 아이는 경사진 곳을 찾아 썰매를 타기도 하고, 어떤 아이들은 눈을 모아 눈사람을 만들거나, 컵으로 눈을 모아 탑을 쌓거나

눈 집을 짓기도 합니다. 어떤 아이들은 눈이 녹아 얼어 있는 빙판을 찾아내 미끄럼을 타고 놀기도 하는 등 스스로 생각하고 상상하며 겨울을 즐깁니다.

　겨울 숲은 모험의 숲입니다. 겨울 놀이에는 눈만 있는 것이 아닙니다. 가을을 지나 겨울이 오면 낙엽이 떨어집니다. 겨울 숲은 나뭇잎으로 숨겨두었던 놀이공간을 보여주며 아이들의 공간을 확장시켜줍니다. 평상시 자주 갔던 길이지만 잎에 가려 보이지 않거나 가깝게만 보던 시선이 좀 더 멀리까지 닿으면서 쓰러진 커다란 나무나 공터를 발견하게 됩니다. 아이들은 더 커다란 새로운 놀이터에서 모험을 즐기게 되는 것이지요. 쓰러져 외나무다리처럼 된 나무에 어떤 아이는 걸터앉아보기도 하고, 어떤 아이는 자신의 능력되는 곳까지 올라가보기도 하고, 어떤 아이는 나무 위에서 뛰어내려보기도 하고, 어떤 아이들은 나무 위에서 하는 단체 놀이를 개발하여 놀기도 하며 겨울을 즐깁니다.

　겨울에는 관찰하는 대상도 달라집니다. 기존에는 꽃, 잎, 물 등을 구경했다면 겨울에는 새, 열매, 얼음 등을 관찰하게 되지요. 겨울에는 아이들의 시선이 확장되고 동물들의 보호색이 소용없는 경우가 많아 멀리 있는 동물들의 행동이 좀 더 쉽게 관찰됩니다. 평상시 잘 안보이던 새들의 날갯짓과 무리를 이루는 행동이 보입니다. 하얀 눈에 떨어진 빨간 열매가 색상의 대비로 선명해집니다. 물이 있던 자리 위에 차갑게 얼어 있는 얼음 등을 보며 계절의 변화를 관찰하고 느끼며 겨울을 즐깁니다.

　겨울에도 숲은 아이들의 놀이터입니다. 어른들의 생각과 달리 자연의 겨울은 아이들에게 또 다른 놀이공간을 제공해주며 늘 그 자리에 있습니다. 부모님이 허락만 해주신다면 언제든지 자연은 아이들에게 놀 수 있는 환경을 만들어주고 그 속에서 성장하도록 따뜻하게 보살펴줄 것입니다. 겨울이 끝나면 봄이 옵니다. 봄이 오기 전에 꼭 겨울의 숲을 아이와 즐겨보시길 권유합니다.

# 2 미세먼지보다 강한 숲

    세계보건기구에서 2013년에 미세먼지를 1군 발암물질로 지정한 이후 미세먼지라는 단어는 라디오, TV, 잡지, 인터넷 등을 통해 대중과 만나는 모든 채널로 전달되고 있습니다. 채널의 다양화와 사람들의 관심으로 미세먼지라는 말을 하루라도 안 듣는 날이 없는 것 같습니다. 기존에도 있었지만 발암물질로 선정되면서 성인들의 인식에 크게 자리를 잡고 생활에 깊이 영향을 주고 있습니다. 아이들을 키우고 있는 부모들의 불안은 높아지고 있습니다. 특히 야외에 있는 숲을 벗 삼아 아이를 자연적으로 키우고자 하는 부모라면 더 불안이 크겠지요. 최근 늘고 있는 숲 유치원에 보내는 부모님은 일반유치원보다 2배 이상 많게는 5배 비싼 돈과 더 많은 시간과 노력을 들여야 합니다. 등원은 했는데 미세먼지로 인해 밖으로 나가지 못하는 날이 많으면 더 답답할 것 같습니다. 그래서 관련 기관에 문의하기도 하고 부모들끼리 커뮤니티에서 이야기가 오가는 것 같습니다. "나가도 될까?" 아니면 "그냥 실내에 있어야 할까?"를 판단하기 위해서 말이죠.

　　미세먼지 기사들을 검색하다 보면 미세먼지의 '발생 현황'과 '대응 방법'에 대해 많이 안내하고 있습니다. '외출 시 마스크 착용해라', '가급적 외출을 삼가라', '정화식물을 키워라' 등 말이죠. 그런데 간혹 다른 기사들도 눈에 띕니다. 경기도보건환경원에 따르면 경기지역 어린이집이 지하철 역사 다음으로 초미세먼지 오염이 심각하다는 내용이었고 미국환경보호청(EPA)은 실내 공기 오염도는 실외보다 보통 2~5배 높고, 겨울에는 외부 공기 차단으로 인해 10배 이상의 차이를 보이기도 한다는 것 등이죠. 이와 같이 실내도 적절히 관리되지 않으면 미세먼지로부터 안전하지 않다는 내용의 기사도 간간히 있습니다. 기사들을 쭉 보다 보면 안이나 밖이나 아이들이 주로 생활하는 환경은 생각보다 안전한 곳이 별로 없다는 생각이 듭니다. KBS "저널리즘 토크쇼 J"에서는 미세먼지의 통계자료를 안내하며 2000년대 초반의 미세먼지와 초미세먼지의 농도가 지금보다 50% 이상 높았으며 각종 학술 자료에서도 미세먼지는 점점 줄어들고 있다고 이야기합니다. 매체에서 다루는 의견들이 서로 반대로 나오게 되면 선택을 해야 하는 부모의 부담이 커질 수밖에 없는 것이 안타까운 현실입니다.

　　숲은 미세먼지의 해결에 매우 효과적인 대안이라고 생각합니다. 요즘 붐을 일으키고 있는 공기청정기는 미세먼지를 가둘 뿐 없애지는 못하는 것으로 알고 있습니다. 하지만 숲은 다르죠. 숲의 대부분을 이루는 나무는 자신이 보유한 토양 면적의 10배 크기의 나뭇잎으로 황산화물부터 미세먼지까지 각종 유해물질들을 정화하고 있습니다. 즉 자연 공기청정기인 것이죠. 그래서인지 세계 주요 도시들은 좋은 환경을 제공하기 위해 면적의 50% 이상 녹지율을 보유하고 있습니다. 하지만 올해 서울이 세계 최악의 공기 질로 신문을 장식하고 기타 다른 도시들도 녹지율은 30% 미만이며 각종 개발로 녹지는 점점 더 줄어들고 있습니다. 나무를 심지 않고 개별적으로 공기청정기만 집집마다 건물마다 쓴다면 계속해서 공기는 나빠질 수밖에 없고 우리 아이들이 살아갈 미래의 대한민국은 답답한 공기를 피해 공기 정화가 이뤄진 장소에 있거나 항상 마스크를 쓰고 산소통을 메고 다녀야 할지도 모르겠습니다.

미세먼지에 관심이 있는 부모님들은 아침마다 미세먼지 예보 확인을 생활화하셨을 것입니다. 미세먼지가 많다는 예보가 나오면 '아이와 방에 있으면 될까?', '방에 있는 것이 한창 활동할 아이들을 위해 좋은 것일까?', '지금 아이들 주변의 공기는 좋을까?' 등의 생각을 하게 됩니다. 유치원, 어린이집, 집안 등 밀폐된 공간은 적절한 공기질을 유지하기 어렵습니다. 이미 정해진 공간에 그에 알맞은 커다란 공기청정기를 설치할 수 없기 때문입니다. 공기청정기의 성능은 기기의 주변만을 처리할 수 있어 공간 전체를 깨끗이 할 수 없습니다. 좁은 공간의 많은 아이들이 만들어내는 먼지는 수시로 발생합니다. 환기가 되지 않는 밀폐된 공간은 산소가 부족해지고 부족한 산소는 혈압 상승, 무기력, 답답함, 우울감 등으로 아이들의 몸에 영향을 끼칩니다. 뿐만 아니라 건물 밖의 미세먼지를 막기 위해 건물 내에서 자체적으로 발생되는 방사능이 환기되지 않아 농축되면서 방사능에 오염되는 경우까지 발생하게 되는 것입니다. 미세먼지를 막으려다 환기로 인한 긍정적인 작용을 가로막아 더 심각한 문제를 발생할 수 있는 것입니다. 미세먼지 경보가 발령되면 마스크를 착용하도록 안내하고 있습니다. 미세먼지를 거를 수 있는 마스크는 규격에 따라 거를 수 있는 양이 다릅니다. KF80 규격이면 미세먼지의 80%를 막을 수 있고 KF94 이상을 쓰는 것을 권장하고 있습니다. KF94 이상의 마스크는 정상 착용 시 숨을 쉬기 어려울 정도로 매우 촘촘한 숨구멍을 가지고 있어 어린 친구들이 쓰면 산소 등 부족한 공기를 채우기 위해

입으로 숨을 쉬게 됩니다. 입으로 숨을 쉬는 것이 습관화 되면 입 본연의 먹는 기능 이외에 숨 쉬는 기능을 함께하게 되어 구강질환과 소화불량의 원인되어 건강을 위협하게 됩니다. 미세먼지를 가급적 피해야겠지만 미세먼지를 피하려다 기본적인 활동이 줄어들어 본래의 기능이 개발되지 못하고 저하되는 것은 삽으로 막을 것을 가래로 막는 경우라 할 수 있습니다. 아이 환경에 대한 전반적인 상황을 고려하지 않고 미세먼지에만 초점을 맞출 경우 의도치 않게 아이는 더 큰 피해를 볼 수 있는 것입니다.

　　미세먼지와 숲 관련 자료 중에는 숲의 공기가 도시보다 좋다는 학술적 증거는 없다고 말합니다. 어떤 글에는 실외라면 숲이 더 좋지만 실내보다 더 좋지는 않을 것이라고 합니다. 모호하기만 하죠. 결국 판단은 부모가 할 수 밖에 없는 것 같습니다. 부모의 선택에 따라 아이들이 실내로 가거나 숲으로 가게 되는 것이죠. 미세먼지 속에서도 도시의 산에는 작은 꽃과 싱그러운 새싹들이 돋아납니다. 아이들이 숲에서 활동한다면 신체의 신진대사가 활발해집니다. 햇살과 바람, 흙에 의한 자연 면역력도 길러집니다. 자연의 소리와 넓은 시야로 정신적 스트레스로부터 해방되어 건강하게 자랄 것입니다. 반대로 실내에 있는 아이는 앞으로 닥칠 병으로부터 지켜지기 위해 자연의 흐름과 단절된 시멘트 안에서 온실 속 화초처럼 주어진 삶만을 적응하며 살아가는 운명이 될지도 모릅니다.

　　숲은 아이들의 미래입니다. 숲이 있어야 아이들의 미래도 있습니다. 아이들이 숲을 경험하고 느낄 때 숲을 사랑하게 됩니다. 사랑하게 되면 아끼게 되고 더 많은 생명을 살릴 수 있습니다. 더 많은 생명이 환경을 개선하게 하지요. 하지만 아이들이 방에만 갇혀 자연을 느끼지 못한다면 숲은 점점 더 멀어지고 삶은 도시화로 더욱 빨라져서 모든 곳이 사막처럼 변해도 그 피해를 느끼지 못할 것입니다. 미세먼지가 그 예시로 충분합니다. 이미 도시는 사막입니다. 아이들의 삶은 점점 더 빡빡해지고 있습니다. 지금이라도 수시로 숲에 가서서 자연을 벗 삼아 여유와 생명을 느끼고 사랑할 수 있게 기회를 만들어주세요. 아이들의 사랑만큼 숲은 아이들을 보살펴줄 것이라 믿습니다. 숲의 사랑으로 성장한 아이들이 다시 자연을 돌봐줄 수 있습니다.

# 3 숲은 여름에도 시원해요

　한국의 사계절은 지구 환경의 변화로 봄과 가을이 짧아지고 있습니다. 6월로 접어들면 시원한 날보다 더운 날이 많아집니다. 한낮의 온도는 30도를 넘는 경우도 종종 생겼지요. 7월과 8월로 갈수록 더운 날씨가 더 많아지는 것은 과거 경험으로 충분히 짐작할 수 있습니다. 뉴스를 떠올려보면 "매우 덥다", "폭염이다" 등의 일기예보가 해가 갈수록 많아집니다. 폭염 뉴스를 접하다 보면 야외활동을 계획하는 가족들은 고민을 하게 되죠. 폭염 발생 시는 야외활동을 자제하고 휴식시간을 많이 가지고 물을 자주 마시고 햇볕을 최대한 가려달라는 등의 주의사항을 끊임없이 안내받습니다. 뉴스와 일기예보에서는 나가지 말라고 하니 숲에도 나가면 안 될 것 같은 생각이 드는 것은 당연한 반응 같습니다.

　"날이 더우면 숲속 생물들은 가만히 있을까요?" 왠지 아닐 것 같은 느낌이 들죠? 인간도 마찬가지로 쉬지 않고 활동하고 있지요. 더운 것과 추운 것에 관계없이 그 해결책을 마련해서라도 살기 위해 움직입니다. 아이들은 어떨까요? 아이들도 날씨와 관계없이 가만히 있고 싶어 하지 않습니다. 덥거나 춥거나 움직이며 활동하고 싶어 합니다. 단지 다른 자연 생명과 다른 점이 있다면 살기 위해서라기보다 놀기 위해서 활동한다는 것이 다릅니다. 어찌 보면 당연한 것입니다.

밖에 나온 아이들이 생각보다 땀을 많이 흘리고 피부도 많이 타고 피로한 기색을 보이면 걱정이 됩니다. 다음에는 나가지 말고 집에서 어떻게 잘 보내야겠다는 생각을 하게 되는 것이 자식 걱정하는 부모들 마음인 것도 맞습니다. 부모의 마음과 달리 밖에서 놀면 땀이 난다고 피부가 탄다고 걱정하는 아이는 흔치 않습니다. 부모의 걱정을 듣고 따라 걱정하는 것이지요. 대부분의 아이들은 부모들의 생각보다 걱정이 매우 적습니다. 부모는 아이에게 더위에도 활동할 수 있는 좋은 환경을 제공해주는 것이 서로 좋은 일일 것입니다.

숲은 시원하게 활동할 수 있는 최적의 놀이 공간입니다. 숲에는 더위를 식혀주는 물이 있기 때문입니다. 물은 더위와 매우 밀접히 관련되어 있습니다. 물은 자연계에서 순환합니다. 바다, 구름, 비, 나무, 계곡, 강으로 순차적으로 순환합니다. 물은 바다를 통해 가장 많이 증발하며 하늘로 올라갑니다. 증발된 물은 구름이 되어 바람타고 흐르다 비가 되어 내립니다. 비가 된 물은 땅에 스며들어 머물기도 하고 흐르기도 합니다. 머무는 물을 나무 등 식물들이 빨아들여 공기 중에 뿌려지고 흐르는 물은 땅과 계곡을 통해 강과 바다로 흘러갑니다. 순환 과정에서 식물이 가득한 숲은 햇볕을 차단하고 광합성을 하며 물을 내뿜고 그늘 아래 물을 가둡니다. 식물이 만든 그늘은 땅에서 올라가려는 물도 잡아두어 시원하게 해주는 것입니다. 풍부한 숲은 충분한 수분을 보유하기 쉽습니다. 구름과 만나 비가 오도록 유도하기도 하고 밤낮의 기온차로 이슬을 머금어 자체적으로 물을 만들기도 합니다. 만들어진 물은 계곡이 되어 흘러 자연 순환의 양과 질이 매우 높아져 숲은 더욱 풍부해지고 시원해지는 것입니다. 도시에 있다 등산이나 산책을 하려고 숲에 들어가면 시원한 청량감을 느낄 수 있는 것은 자연의 순환 덕분입니다.

숲이 많을수록 더 좋은 도시입니다. 지구에서 순환하는 물은 0.77%라고 합니다. 순환하는 물 중에 과거부터 인간이 쓰는 물의 양은 0.77%의 일부입니다. 지구 전체의 물로 따져보면 매우 적은 물의 양이지만 도시의 삶에는 커다란 변화를 가져오고 있습니다. 산업혁명이 일어날 때마다 도시가 사용하는 물의 비중은 많아지고 있습니다. 세계 도시의 나무와 땅은 콘크리트와 아스팔트로 바뀌어 갔습니다. 도시는 물의 순환이 점점 더 차단되어 사막화되고 있습니다. 순환의 문제를 인식한 도시들은 녹지율을 높이며 생태적인 도시로 거듭나려 하고 있습니다. 뉴욕시의 경우 물 공급을 위한 방법으로 80억 개발비용과 매년 3억의 운영비가 드는 토목시설투자보다는 15억 비용으로 땅을 사고 나무를 심어 생태적 자연환경에 투자하기로 했다고 합니다. 비용도 아끼고 자연도 살리는 상생의 도시로 나

아간 것이죠. 독일의 작은 도시 프라이부르크에는 '베히레'라는 실개
천이 도시를 흐르고 있습니다. 실개천의 폭은 30~50cm에서 큰 것은
1~2m까지 되며 총 길이가 20km 이상이라고 합니다. 실개천은 도시
의 온도와 습도 그리고 홍수를 조절하는 기능을 한다고 합니다. 물의
순환을 도시로 끌어와 이용한 사례라고 할 수 있습니다. 서울과 경기
도, 각 광역시는 도시화를 위해 수많은 실개천을 땅속에 묻고 도로를
만들고 건물을 지었습니다. 산의 나무를 자르고 흙을 파내어 물이 시
작되는 곳을 없애고 말았습니다. 산과 개천이 없어지는 바람에 도시
는 점점 더 더워져갔지만 우리는 바쁘게 사느라 변화를 느끼지 못했
던 것입니다.

인간이 장기적으로 살아갈 최소한의 환경을 만들기 위해서는 자연이 필요하고 많은 녹지가 필요합니다. 도시는 녹지가 부족하여 더욱 생태적 경험이 필요합니다. 아이들에게 도시가 아닌 진짜 자연을 경험하게 해주어야 합니다. 앞으로 살아갈 삶에서 자연이 삶의 한 축을 이루어야 합니다. 지속적이고 행복한 환경이 되도록 인근에 숲이 있어 자연스럽게 시원해질 수 있는 씨앗이 만들어졌으면 좋겠습니다. 날이 덥지만 낮보다 선선한 주말 오전에 아이와 숲에 다녀와보세요. 즐거운 경험이 될 겁니다.

# 4 여름밤의 숲

해 떨어지는 시간이 늦어지는 여름에는 저녁 8시가 되어도 밤이 아닌 것 같은 느낌이 듭니다. 여름은 해가 진 뒤에도 낮의 더위가 남아 있어 밖에서 잠을 잘 수 있는 시기입니다. 해가 진 뒤의 숲은 조용함으로 가득합니다. 자연을 느끼기에 아주 좋은 환경이 됩니다.

일반적으로 아이들과 숲에 가는 경험은 낮에 국한되어 있지요. 보통 컴컴한 밤에 숲에 가는 일은 방학 중 캠핑을 통해서나 경험할 수 있습니다. 모두가 캠핑을 다니는 것은 아니라서 소수의 아이들만 밤의 숲을 경험하게 됩니다. 캠핑 가서 밤의 숲을 경험하는 소수의 아이들도 사람들이 모여 환하게 밝혀놓은 캠핑장에만 있다 보면 밤의 숲을 경험하기에 부족한 점이 많습니다. 차라리 도시에 있는 한적한 숲에 가는 것이 더 많은 경험을 줄 수 있습니다. 캄캄한 밤, 숲에 가면 아이들은 색다르고 다양한 경험을 할 수 있습니다.

밤은 두려움과 호기심의 공간입니다. 밤이라는 환경은 인간에게

색다른 경험입니다. 오랜 시간 동안 인류의 밤은 활동의 시간이 아닌 휴식의 시간이었기 때문입니다. 환경이 차차 도시화되면서 조명으로 인해 밤은 낮처럼 밝게 되었습니다. 밤에도 먹고 마시고 놀고 장사하고 사무실에서 일도 하며 활동 시간이 연장되었습니다. 낮에 일하고 저녁에서야 일과를 마무리할 수 있는 일반적인 가정들은 저녁이 되어서야 가족이 모두 모여 시간을 보내게 됩니다. 가족의 일상이 저녁부터 시작되다 보니 아이들이 커가면서 저녁에 함께 시간을 보내고 아침에 늦게 일어나는 패턴을 보입니다. 도시의 밝은 빛도 쫓아내지 못한 본능은 도시화된 아이들에게도 있습니다. 어둠은 본능적으로 공포를 느끼게 합니다. 어둠에 대한 공포는 어린 시절 대부분 겪게 되고 누구나 낯선 환경에 두려움을 느끼는 것은 생존을 위해 필수적인 것이기 때문입니다. 아이들에게는 더욱 그렇겠지요. 어린 시절 불 꺼진 화장실의 어두운 저편을 보며 두려움을 느껴보신 적이 있을 겁니다. 귀신이 나올 것 같기도 하고 다른 어떤 공간이 있는 것 같은 느낌이 들기도 하여 상상력이 발휘되는 공간이 됩니다.

밤의 숲은 상상력의 공간이 됩니다. 낮에 갔던 똑같은 공간이 밤에 가면 전혀 다른 느낌으로 다가옵니다. 같은 장소 다른 느낌이란 이런 상황에 딱 맞는 말일 것입니다. 아이들은 밤의 숲을 생각할 때 어두움에 대한 두려운 감정도 있지만 공간에 대한 호기심도 가지고 있습니다. 호기심은 기대가 됩니다. 기대는 환상이 됩니다. 아인슈타인은 "상상은 지식보다 중요하다."고 말했습니다. 인간은 언제나 현재에 안주하며 안정을 유지하려고 합니다. 관성의 법칙이 작용하는 것입니다. 진정한 안전은 세상의 변화에 적응하는 것입니다. 현재를 유지하는 관성만으로는 안정될 수 없습니다. 변화하는 새로운 환경에 대한 두려움은 항상 깔려 있습니다. 두려움을 이기는 호기심이야말로 변화를 위한 아이들의 자발적 행동에 강한 동기를 부여해줍니다. 동기에 따른 행동과 과정 그리고 결과의 경험이야말로 아이들에게 자립심의 용기를 심어줄 수 있는 큰 교육이라 할 수 있는 것입니다.

밤의 숲이 주는 선물은 3가지로 요약할 수 있습니다. 첫 번째 선물은 '어둠'입니다. 밤의 숲에 가면 우선 잘 안 보입니다. 어두우니 아이들 중 랜턴을 챙겨오는 경우가 있습니다. 랜턴을 켜면 바로 앞만 잘 보이고 주변을 어둡게 만들어 시야가 넓어지지 못해 길을 잃게 되는 경우가 많습니다. 무서움에 랜턴을 든 아이들의 모습은 도시인의 삶과 닮았습니다. 랜턴을 꺼야 더 잘 보인다고 말해도 끄지 못하고 눈앞의 불빛에 의지해 걸어갑니다. 걸어가다 다른 길에 들어서기도 하고 옆의 나뭇가지를 못 봐 부딪치기도 하는 것입니다. 도시인의 삶도 눈앞의 이익만 보며 열심히 살지만 자신이 어디로 가고 있는지 모르는 실수를 범하는 것 같다는 생각이 듭니다. 랜턴에 의지하면 랜턴 밖의 환경을 인식하지 못합니다. 평상시에는 랜턴을 끄고 가다 필요할 때만 켜는 요령이 필요합니다. 밤의 숲은 생각보다 밝습니다. 스스로의 눈을 믿고 두려워하지 마세요.

두 번째 선물은 '소리'입니다. 밤에는 낮 동안 소음에 묻혀 듣지 못하는 소리가 커다랗게 느껴집니다. 시각보다 청각이 민감하게 반응합니다. 바람, 물, 풀, 곤충, 동물 등의 소리가 가깝게 혹은 멀리서 들려옵니다. 낮에는 똑같은 크기의 소리가 들리지 않거나 작아 신경 쓰이지 않습니다. 집에서 밤에 잘 때 방안의 모기 소리가 크게 들리신 적이 있을 겁니다. 밤은 그렇습니다. 모기 등 날벌레는 신경 쓰지 마세요. 아이들이 무엇엔가 집중할 때 다른 자극은 크게 신경 쓰지 않습니다. 아이들은 밤에 몰입합니다. 아이들의 투정을 걱정하기보다 어떤 재미있는 일이 있을까라고 상상하고 관찰해보세요. 부모가 곤충, 더위 등을 불편해하고 밤의 상상은 생각하지도 않는다면 아이들은 부모와 같이 생각하고 행동할 것이기 때문입니다.

　　마지막 선물은 '성공 경험'입니다. 아이들은 두려움을 가지고 밤에 숲을 찾습니다. 대부분 그 두려움을 극복하고 집으로 돌아가게 되지요. 두려움을 극복한 경험은 아이에게 새로운 환경도 때에 따라 좋은 일일 수 있다는 생각을 갖게 합니다. 좋은 성공 경험이 쌓이면 새로운 환경에 좀 더 쉽게 적응하는 능력을 기를 수 있습니다. 그 밖의 선물들도 있지만 아이들의 성향마다 느끼는 것이 다르니 각자 다양한 형태로 느껴질 것입니다.

진짜 자연을 찾는다면 조용한 숲으로 가야 합니다. 많은 가족들이 자연을 찾아 여름휴가와 방학을 보내고 있습니다. 캠핑장에서 콘도에서 펜션에서 시간을 보냅니다. 캠핑장은 가로등과 전기코드로 전등을 달아 밤이 낮처럼 밝습니다. 도시인의 숲에는 방 밖에도 불빛이 가득합니다. 진짜 숲은 조명이 없고 인적이 드문 곳에 더욱 가깝습니다. 진짜 자연을 찾는다면, 진짜 경험을 가족이 함께 나누고 싶다면 사람이 북적이는 해수욕장, 계곡, 휴양림보다 인적이 드문 농촌, 어촌, 산촌에 가는 것이 더 좋습니다. 즐거운 여름, 가족과 함께 자연 안에서 행복한 경험 많이 만드시길 바랍니다.

**숲은 이상적인 놀이터**

미세먼지로 인해 바깥 활동이 점점 더 어려워지고 있습니다. 안 그래도 요즘 아이들은 학원과 학교, 집을 오가며 바깥 활동이 점점 줄어들고 있는데 말입니다. 지금처럼 사회가 진행된다면 미래에는 아이들이 야외에서 논다는 것은 찾아보기 힘든 구경거리가 될지도 모르겠습니다. 계속되는 미세먼지로 며칠 만에 찾아온 날씨 좋은 봄날의 오후, 놀이터에 아이들과 부모들이 있는 것을 보게 되어 찬찬히 바라보고 있었습니다. 아이들 노는 모습을 바라보고 있는데 주변에서 이런 소리가 주기적으로 계속 들렸습니다. "저기 있다 저기!", "끝동아~ 규칙 어겼어~", "공평하게 돌아가며 해야지~" 등 아이들과 함께 뛰어노는 것도 아닌데 부모님들이 멀찌감치 앉아 시종일관 눈길을 거두지 못하고 아이들 놀이에 훈수를 두며 참견을 하고 있었습니다. 아이들이 놀이에 집중할 수 있을지 의문이 들었습니다. 아이는 부모의 말에 귀를 기울여야 합니다. 부모의 말은 대부분은 절대적 권력을 가지고 있습니다. 아이들 사이에 문제가 생기면 스스로 해결하지 않고 부모에게 달려와 하소연하기도 합니다. 놀이의 흐름이 끊기는 상황이 발생하여 흥이 식어버리기도 합니다. 쳐다보고 있자니 아이들의 놀이가 불편하게 느껴집니다. 요즘 아이들 놀이터에는 안전상의 이유로 부모가 반드시 있는 경우가 많습니다. 특히 아이들이 유아, 아동, 초등 저학년인 부모들입니다. 부모들은 아이들의 놀이에 자주 관여하며 몰입을 방해합니다. 안전을 이유로 아이들은 진짜 놀이를 하지 못하고 있는 것입니다.

아이들을 위한 놀이터는 어른 없는 놀이터입니다. 놀이터는 놀이를 하기 위한 장소입니다. 놀이 전문가 편해문은 '놀이'란 어른이 보이지 않는 곳에서 하는 아이들의 말과 행동이라고 정의하였습니다. 놀이가 이뤄지는 곳이 놀이터인데 현재 우리 놀이터는 안전을 빌미로 통제를 위한 수단이 되고 있습니다. 독일의 놀이터 전문가 퀸터 벨치히는 과거에는 놀이터가 골목과 거리 등 사회 모든 곳에 있었다면 지금은 놀이터라고 명명된 곳만이 아이들이 놀 수 있는 곳으로 제한돼서 사회와 분리해 쉽게 통제할 수 있는 공간이 되었다고 말합니다. 아이들은 어른들이 만들고 인정한 공간 안에서만 성장하게 되는 것이지요. 놀이터에서 훈수 두는 부모처럼 아이들 놀이에 어른의 개입이 어린 시절부터 계속되었다면 아이 스스로 사고하고 행동하는 것이 어렵게 됩니다. 자신만의 삶을 살아가기 어렵습니다. 조언과 지시는 다릅니다. 조언을 듣기 위한 준비 단계로 스스로 생각해보

는 경험이 중요합니다. 아이들끼리 더 잘 놀기를 바라고 아이가 다치지 않기를 바라는 마음은 모든 부모가 동일할 것입니다. 하지만 고통을 견뎌내지 못하면 더 큰 배움을 얻지 못합니다. 실패의 경험을 딛고 일어선 아이가 성공의 기쁨을 얻을 수 있는 것처럼 말입니다. 스스로 놀이를 개발하고 아이들과 조율하며 질리지 않게 재미있는 놀이를 지속적으로 할 수 있습니다.

일본의 놀이터 네트워크 플레이파크(http://playpark.jp/)에는 "스스로 책임지고 자유롭게 놀자"라고 표기되어 있습니다. 아이들의 자율권을 최대한 보장하려는 의지의 표현이라고 할 수 있겠지요. 이 놀이터에는 불을 피울 수 있는 곳도 있다고 하니 아이들 놀이에 대해 지역사회의 이해의 깊이가 남다릅니다. 놀이를 매우 가치 있게 여기고 아이들을 존중하고 있다는 생각이 듭니다.

아이들이 좋아하는 이상적인 놀이터를 알고 싶다면 어른의 평가가 아니라 아이들의 진심을 들어야 합니다. 사실 듣지 않아도 알 수 있습니다. 아이들을 관찰하면 쉽게 알 수 있습니다. 즐거운 곳, 다시 가고 싶은 곳이라면 좋은 놀이터입니다. 놀이터는 각각 창의적이고 개성이 있어야 하는데 대한민국의 놀이터는 대부분 비슷하게 만들어져 있습니다. 모두 똑같이 만들었다고 볼 수 있습니다. 경제성의 논리만 있고 아이들의 권리는 없는 놀이터들입니다. 순천의 '기적의 놀이터'처럼 차차 국내에도 다양한 놀이터들이 시도되고 있는 것은 매우 바람직합니다. 다양한 놀이터는 다양한 경험을 만들고 그 경험들 중에 즐거운 놀이터, 다시 가고 싶은 곳이 생기는 것입니다. 지금 그런 놀이터가 없다고 포기하면 안 됩니다.

숲은 이상적인 놀이터입니다. 놀이터를 당장 바꿀 수는 없으니 인근 숲에 가시면 어떨까요? 놀이터 전문가 귄터 벨치히는 "놀이터를 만들 계획을 세울 때 잊지 말아야 할 점은 이상적인 놀이터는 손대지 않은 야생이라는 것이다."라고 했습니다. 과거 세대를 돌아보면 동네 형, 동생, 누나, 언니가 함께 모여 숲에 가서 놀았습니다. 지금도 불가능하지 않습니다. 인근 산을 찾아보세요. 아이가 어리면 부모가 아이와 함께 가고 아이가 좀 커서 동네 아이들끼리 함께 숲에 간다면 이상적인 놀이터를 만들어줄 수 있습니다. 아이와 함께 손잡고 이상적인 놀이터인 숲 놀이터로 떠나보시길 권합니다.

놀이는 이미 '소확행'

　요즘 '소확행'이라는 말을 많이 합니다. '소소하지만 확실한 행복'의 줄임말입니다. 이것은 일본 작가 무라카미 하루키의 수필집 『랑겔한스섬의 오후』에 등장하는 단어로, 작품에서는 갓 구운 빵을 손으로 찢어먹는 것, 서랍 안에 반듯하게 접어 돌돌 만 속옷이 잔뜩 쌓여 있는 것, 새로 산 정결한 면 냄새가 풍기는 하얀 셔츠를 머리에서부터 뒤집어쓸 때의 기분을 말합니다. 사람마다 다르겠지만 일상에서 느끼는 작은 즐거움들을 이야기합니다. 평상 시 도시 생활은 정신없이 바쁘게 하루가 돌아갑니다. 아이들을 포함해 대다수의 사람들은 하루키가 이야기한 작은 경험들을 일상적으로 하고 있으면서도 즐거움들을 느껴보지도 못하고 하루가 훌쩍 지나가고 있습니다. 소확행의 유행을 보면 많은 사람들이 '지금, 작은 행복을 인식하는 것이 삶에 더 좋은 영향을 끼친다.'는 것에 기대와 믿음을 가진 것으로 보입니다.

도시에서는 소확행이 필요합니다. 하버드 경영대학원 교수 레슬리 펄로(Leslie Perlow)는 '상시 접속 문화(culture of connectivity)가 지배적인 지위를 차지한다.'며 현대인이 살아가고 있는 사회를 '상시 접속'이라는 단어로 표현했습니다. '우리는 어떤 내용들로 상시 접속하고 있을까?' 생각해보면 자극적이고 더 크고 더 비싸고 복권 같은 행운 등을 추구하는 소비문화가 지배적이라고 볼 수 있습니다. 세 잎 클로버의 행복보다 네 잎 클로버의 행운을, 나무의 줄기와 뿌리보다 꽃과 열매를, 과정보다는 결과를 원하고 인정하는 문화가 되어 있습니다. 결과에 중점을 두고 가지려 하다 보니 노력과 시간을 더 많이 소비해서 정작 원하는 즐거운 시간의 절대적 양은 점점 더 줄어만 갑니다.

달라이 라마는 "사람은 늘 무언가를 가지려고 합니다. 번뇌는 바로 여기에서 일어납니다. 가진 것보다 더 많이 가지려고 하다 보면 마음이 그대로 지옥이 됩니다. 때로는 당신이 원하는 것을 얻지 못하는 것이 굉장한 행운이라는 것을 기억하십시오."라며 갖지 못하는 것이 행운이라 이야기합니다. 레슬리 펄로 교수도 실험을 통해 강제적으로 회사 직원들에게 1주일에 하루는 누구와도 접촉하지 않도록 하는 조치를 취하자 더 많은 즐거움을 누렸고 의사소통도 개선되었으며 더 많이 배웠고 성과도 올라갔다고 합니다. 소확행은 현재를 충실하게 여기는 것이 중요한데 지금 도시의 삶은 지속적인 자극으로 생각을 마비시켜 미래만을 바라보게 하는 건 아닐까요?

어른들은 미래를 가지기 위해 살아가지만 아이들은 현재를 배우며 살아갑니다. 아이들이 어른들보다 더 많이 웃는 것은 그 때문이겠죠. 어른들은 큰 행복, 큰 목표, 긴 과정, 큰 결과로 구체적이고 현실적인 미래 현상을 예상하며 중요시합니다. 아이들은 작은 행복, 작은 목적, 짧은 과정, 작은 결과로 쉽고 즉각적인 현재의 감정적 느낌을 중요시합니다. 어린 아이들일수록 시간의 개념이 없고 공간의 개념도 없습니다. 그것들은 어른이 되면서 생기는 개념입니다. 생각보다 초등학생들도 사회적인 시간과 공간 개념이 없는 경우가 많습니다. 아이들에게 시간은 무한하고 공간은 호기심으로 가득 차 있습니다. 무한한 시간과 호기심 가득한 공간에 시간으로 끝을 만들고 정해진 공간으로 호기심을 차단하는 어른만 없다면 말입니다. 『시간』의 저자 칼하인츠 가이슬러는 빠름만이 가치 있고 느림이 경시되면 세심함, 부드러움, 사려 깊음, 생각 그리고 다른 많은 것이 사라진다고 했습니다. 사회가 채우지 않는 멍 때리는 느림과 비움의 시간이 필요한 이유이기도 합니다. 채워지지 않는 시간과 공간에서 아이들의 자발적 활동은 주로 상상력을 동원한 창의적 행동으로 채워지고 그 순간 즐거운 놀이로 변하는 것입니다. 아이들에게 놀이는 이미 거창하지 않은 소소하고 확실한 행복, '소확행'이라고 볼 수 있겠습니다.

혼자 있는 시간과 친구들과 노는 시간만 주어져도 아이들은 행복을 즐길 수 있습니다. 여기에 호기심 가득한 공간까지 주어진다면 금상첨화겠지요. 숲은 호기심이 가득한 공간이 많습니다. 아이들이

숲에 가면 도시에서 얻지 못하는 행운을 가지게 됩니다. 자연이 요구하거나 지시하지 않습니다. 자연이 먼저 표현하지 않아 자극적이지 않습니다. 자연의 시간은 천천히 흐르며 급하지 않습니다. 숲이란 공간에서 흙에 물을 섞어 찰흙을 만들고 찰흙으로 그릇을 만듭니다. 그냥 길가에 있는 나뭇가지를 감자칼로 깎아 인형을 만들어 친구로 삼습니다. 잎사귀에 앉아 있는 곤충을 보며 당시 상황을 곤충의 입장에서 이야기하며 공감합니다. 떨어진 나뭇잎에 다양한 색상으로 색칠을 하며 미술적 표현을 합니다. 널려 있는 돌들을 차근차근 쌓아 올려 다양한 모양의 탑을 만듭니다. 커다란 나무 기둥들을 여럿이 힘을 모아 옮겨가며 엮어 아이들만의 비밀기지를 만들기도 합니다. 아이들은 자연 속 놀이를 통해 스스로 현재의 행복을 느끼며 배워갑니다.

　　미래를 준비하기 위해 학원, 집, 학교에서 강의 듣고 책을 보고 수학 문제를 풀기도 해야 하지만 자연을 벗 삼아 현재의 행복감을 느끼는 것도 중요합니다. 작가 프랭클린 버로즈는 자연교육은 학교생활의 반대말이라고 말하며 학교는 아이들이 있어야 할 곳이고, 자연은 학교를 빼먹을 때 아이들이 가야 할 곳이라 했습니다. 사회가 요구하는 능력을 가지기 위해 학교도 가야겠지만 스스로를 느끼고 배우기 위해서는 자연에 가는 것도 필요한 것입니다. 사회가 요구하는 공부보다 스스로 원하는 경험을 통해 배움의 즐거움을 느끼는 아이가 되면 좋겠습니다. 미국 브루클린에서는 100m 마이크로 산책(Micro Walks)이란 것이 유행한다고 하네요. 날씨에 관계없이 집 근처에 있는 공원과 숲에서 아이와 함께 소확행을 실천해보시길 바랍니다.

# 7 진짜 경험

숲에서 있었던 에피소드입니다.

에피소드1. 숲에 들어온 노부부와 손녀(약3~4세)의 대화

손녀 : 할아버지 모래 놀이 할래요.

할아버지 : 그래, 옷은 걷고 하자. (아이 옷의 팔 부분을 걷어주려고
　　　　 한다.)

할머니 : 안 돼! 모래 만지면 안 돼. 지저분해. 모래 만지면 음식 싸
　　　　 온 것 안 줄 거야.

할아버지 : ○○야, 모래 만지면 음식 못 먹는대.…… 가자, 오늘은
　　　　 정상까지 가는 거야.

손녀 : (시무룩해하며 다시 길을 걷는다.)

에피소드2. 폭우와 비바람이 많이 치는 날 아이와 엄마의 대화

아이 : 엄마 비가 엄청 많이 와요. 길이 시냇물처럼 흘러요. 숲에
　　　가도 돼요?
엄마 : 안 돼. 비가 이렇게 많이 오고 천둥번개도 치는데 위험해.
　　　그리고 옷 젖고 돌아다니면 감기 걸려. 안 돼.
아이 : 네,…… 알겠어요.


　여기서 두 가지 관점을 생각해볼 수 있습니다. 하나는 아이를 안
전하게 보호하고 싶은 보호자의 마음이고 다른 하나는 아이의 관심
과 호기심을 알아주지 못하고 막는 보호자의 행동과 말들입니다. 일
반적인 부모와 보호자들은 호기심보다 안전을 더 중요하게 생각하
는 경향이 있습니다. 아이가 아주 어렸을 적부터 키워오면서 아이가
커도 연약한 아이로 보이는 것은 어찌 보면 당연한 것입니다. 자식까
지 있는 성인이 된 아들도 부모 눈에는 어리기만 하다는 부모도 있
으니까요. 과거부터 받아온 주입식 교육과 세월호 사건 이후 사회적
으로 안전에 대한 이슈가 강조되면서 부모들이 생각하는 경향도 호
기심보다는 안전 쪽으로 치우치는 것은 어쩔 수 없나 봅니다. 인도의
철학자 유지 크리슈나무르티는 이렇게 말했습니다.
　"생각은 과거의 기억이므로 항상 과거에 붙잡혀 있다. 그래서 과
거의 기억은 다른 생각에 폭력적이다. 문제가 있을 때만 과거 기억을

사용하고 사용 후 잊는다."

아이들은 자신의 생각을 경험하지 못하고 부모의 과거 기억으로 부터 폭행을 당하고 있다고 해석할 수 있습니다. 부모는 자식에게 좋은 것을 해주고 싶지만 좋은 것에 대한 기준은 이미 부모의 기준으로 과거에 붙잡혀 있는 경우가 많습니다. 과거의 기준으로 아이들을 대하고 가르치게 된다면 미래를 살아갈 아이들에게는 이득보다는 피해를 주게 되는 것입니다. 호기심은 경험에 의해 충족되는데 스스로 원하는 경험을 하지 못하기 때문에 포기하는 경험이 더 많아집니다. 포기하는 경험이 많을수록 우리 아이들은 자기주도능력이 점점 더 떨어지고 부모에게 의존하게 되는 것입니다.

## 안전을 위해 간접경험만을 배우는 아이들

'호기심'보다 '안전'이 먼저인 사회에서 안전을 무조건 강조하다 보니 "우리가 보통 살아가는 환경이 아이들에게 너무 위험한 것일까?"란 생각을 하게 됩니다. 곰곰이 생각해보면 안전 이슈의 대부분은 실제 경험이 아닌 뉴스, 인터넷 등을 통한 간접경험인 경우가 많습니다. 과거에는 자연에서 생존을 담보로 직접 경험하던 것을 1400년부터는 책으로, 1920년부터는 라디오로, 1960년부터는 TV로, 2010년부터는 핸드폰과 스마트 폰으로 경험해오고 있습니다. 직접경험에서 점점 간접경험이 확장되어왔습니다. 그 확장된 영역만큼 더 많은 정보를 습득하게 되었고 더 안전한 사회가 되었습니다. 그런데 안전에 대한 너무 많은 정보는 더 많은 제약을 만들게 되었고 아이들은 더 많은 경험을 박탈당하고 있습니다.

『사람의 부엌』을 쓴 류지현은 인류의 전쟁에서 도구의 발전 과정을 몸, 칼, 총, 버튼으로 표현합니다. 초창기에는 몸을 이용해 싸움을 합니다. 도구의 발달로 칼과 활 등을 써서 싸움을 하고 좀 더 발전하면 총과 대포 등이 등장합니다. 더 발전하여 미사일의 버튼까지 왔다는 것입니다. 부엌에 있는 냉장고의 역사도 맨 처음엔 자연의 흐름에 맞춘 저장방법에서 무조건 냉장고에 저장하는 것으로 바뀌었다는 것입니다. 자연에서 냉장고까지의 거리, 몸싸움에서 미사일 버튼까지의 거리는 물고기가 진화해 인간이 된 것처럼 연결되지 않는 것 같지만 연결되어 있습니다. 문명이 발전하면서 자연과의 거리가 멀어지고 죄책감은 적어지고 폭력성은 강해졌습니다. 자연의 느낌은 사라지고 문명만 남은 것입니다. 삶이 유기농이 되려면 식재료뿐만 아니라 생각하고 행동하는 것도 유기농이어야 합니다.

도시의 삶은 식재료만 유기농입니다. 요즘 TV프로그램들 중 "정글의 법칙", "나는 자연인이다", "삼시세끼" 등 자연을 소재로 직접 경험하는 프로그램이 많습니다. 프로그램들의 공통점은 자연스러움입니다. 현대 도시인들이 자라면서 박탈당한 유기농적 삶을 직접 할 수 없어 지금까지 배운 방식 그대로 간접 경험으로 충족시키고 있는 것입니다.

아이의 직접 경험은 평생의 소중한 기억으로 남습니다. 우리가 알고 있는 소설 중에 『소나기』라는 작품이 있습니다. 작품을 떠올리면 소나기 내리는 풍경에 소년, 소녀가 비를 피해 함께 앉아 있는 모습이 머릿속에 그려집니다. 또 바닷가에서 놀고 있는 아이들을 떠올리면 모래성 등을 만드는 모습이 떠오릅니다. 이와 비슷한 상황을 직접 경험한 느낌은 오랜 시간이 지나도 잊히지 않는 추억이 됩니다. 비와 모래로 인해 감기와 장염 등 혹시 걸릴 수 있는 질병 때문에 평생의 추억을 포기할 분들이 계실까요? 어느 누구도 어린 시절 모든 상황을 기억할 수는 없습니다. 진짜 느낌이 있는 그 순간만을 기억하며 오래 간직하는 것입니다. 소중한 기억은 어쩌다 만들어진 우연이 아니라 희노애락의 다양한 경험의 시간이 쌓여 만들어진 순간의 기억입니다. 아이의 기억은 아이의 역사가 됩니다. 아이의 역사가 만들어지기 위해 직접 경험은 반드시 필요합니다.

발달심리학자인 장 피아제는 직접 경험의 중요성을 강조했습니다.

"모험을 직접 경험하는 것이 중요하다. 아이들이 스스로 만들어야 하는 것을 이해하기 위해서는 그것을 반드시 재창조해야 한다. 나중에 아이들이 단순히 반복하는 사람이 아니라 창조적인 개인이 되기 위해서 말이다."

숲에는 모기가 많기도 하고 날벌레가 많기도 합니다. 춥기도 하고 덥기도 합니다. 처음엔 심심하고 불편할 수도 있습니다. 하지만 아무것도 아닌 순간순간이 모여 평생 잊지 못할 소중한 추억을 만들어간다고 생각합니다. 포기하지 마시고 아이와 꾸준히 숲에 가보시길 바랍니다.

# 8 스스로 하는 놀이가 '진짜 놀이'

초여름에는 야외로 나가기 좋은 날씨가 많습니다. 낮에는 좀 덥지만 그늘에 들어서면 선선한 바람이 살랑살랑 부는 것이 밖으로 나가고 싶어집니다. 마트나 쇼핑몰에서 캠핑 등 나들이 용품들이 많이 등장하고 있는 것도 그런 시기라는 뜻이겠지요. 맛있는 것을 먹기 위한 용품도 있고 잠을 자기 위한 용품도 있지만 아이들과 놀기 위한 용품도 빠지지 않는 것 같습니다. 집에서는 핸드폰, TV, 게임기 등 즐길 거리가 많은데 막상 야외에 나가면 무엇을 할까 고민하는 분들이 많으시니 놀이용품들이 한눈에 들어옵니다. 물총부터 물안경, 해먹, 배드민턴 등 가지 수도 많습니다. 아무 것도 필요 없던 아이들도 놀이용품들을 보면 필요한 것 같고 없으면 놀 수 없을 것 같습니다. 아이들과 야외, 특히 자연에 나가 있을 때 즐기는 진짜 놀이에 마트에서 파는 놀이용품들이 진짜 필요한지 잘 생각해봐야 합니다.

숲에 자주 오는 친구들 중에 놀이 도구를 챙겨오는 경우가 있습니다. 모종삽, 쌍안경, 돋보기, 채집통, 주머니칼, 연필 등 다양한 도구를 가져오지요. 그 중 쌍안경을 예로 들어보죠. 쌍안경의 기능은 멀리 있는 것을 가까이 보기 위한 도구입니다. 대부분의 아이들은 멀리 있는 것이 잘 안 보이니 쌍안경의 기능과 정반대로 보는 경우가 많습니다. 대상은 아주 작지만 뚜렷하게 보이기 때문이죠. 결국 가까운 것도 보기 어렵고 먼 것을 볼 수 없는 경우가 대부분입니다. 도구는 목적이 있을 때 유용합니다. 도구가 목적이 되면 목적은 사라지고 도구에 대한 호기심만을 채우고 말게 됩니다. 아이가 도구를 가져오는 경우 아이가 충분히 놀 때까지, 즉 호기심이 사라지고 지루해질 때까지 십중팔구는 그 도구를 이용한 놀이에 집중할 수밖에 없습니다. 숲에 온 목적은 가족마다 다르겠지만 익숙하지 않은 도구를 가지고 자연 친화적인 놀이를 생각하셨다면 달성하지 못하게 됩니다. 아이는 주변의 자연을 발견하지 못하고 먹고 자고 가져간 놀이기구만 기억하는 것입니다. 얼마 전 캠핑장에서도 이와 유사한 경험이 있었습니다.

아이들의 놀이를 관찰하다 보니 대부분의 시간을 텐트와 해먹 근처에서 떠나지 않는 것을 발견할 수 있었습니다. 평상시 흔하게 사용하지 못하는 텐트와 해먹이 아이들에게는 새로운 경험의 장소가 되는 것이겠지요. 주변의 자연은 아이들에게 액자 속이나 핸드폰 속 풍경에 지나지 않게 됩니다. 아이가 가지고 있는 주의력이 100이라면 도구에 이미 많은 부분을 사용하기 때문에 남은 주의력으로는 일부밖에 볼 수 없게 되는 것입니다. 일상생활에서 핸드폰에 많은 시간을 사용하는 것도 같은 이유입니다. 숲에 온 이유가 맛있는 것 먹고 충분히 쉬는 것이라면 상관없지만 멀리 시간 내서 자연을 느끼고 즐기러 왔다면 참 아쉬운 마음이 듭니다. 단순히 먹고 쉬는 것이라면 차라리 가까운 공원에 가도 가능한 일이니까요.

　사람들의 생활은 알게 모르게 환경의 지배를 많이 받고 있습니다. 환경에 따라 경험도 달라지고 생각도 달라지는 것입니다. 과거 맹모삼천지교라는 말이 유행했고 아이의 교육환경을 개선하기 위해 부모들의 노력이 꼭 필요했던 것입니다. 이사와 같은 커다란 환경도 그렇지만 놀이감 같은 생활 속 소소한 환경도 사람의 경험을 지배합니다. 거실에 TV가 있는 집과 책장이 있는 집은 TV보다 책을 보게 되는 것과 같은 이치입니다. 놀이도 어떤 환경을 제공하느냐에 따라 아이들의 경험 내용이 달라집니다. EBS 프로그램 중 놀잇감에 따라 아이들의 놀이가 어떻게 달라지는지 실험한 영상이 있었습니다. '가' 그룹은 아이들 누구나 좋아할 만한 커다란 완제품 장난감을 주고 '나' 그룹은 재활용품 자제를 가득 쌓아놓고 가지고 놀게 하였습니다. '가'와 '나' 그룹 중 어느 아이들이 더 오래 재미있게 놀았을까요? 기대와는 달리 '가' 그룹 아이들은 처음엔 기뻐했으나 점점 흥미를 잃고 장난감에 관심을 가지지 않았습니다. 그에 반해 '나' 그룹 아이들은 처음엔 시큰둥했으나 다양한 놀이를 즐기며 지속적으로 즐겁게 놀았습니다. '가' 그룹 아이들은 고정된 놀잇감으로 아이들의 상상력을 제약한 반면 '나' 그룹의 아이들은 각자의 개성에 따라 다양한 상상력을 발휘해 정해진 범위 없이 놀 수 있었기 때문이라고 합니다. 이와 같이 주어진 도구에 따라 아이들의 생각의 범위는 제약되기도 하고 확장되기도 한다는 것을 알 수 있습니다.

프랑스의 화가 르볼은 그림으로 심신이 허약한 아이들을 치료하려고 노력하였습니다. 그는 아이들이 물감을 범벅하고 종이를 찢고 붓을 아무렇게나 잡아도 따로 가르치지 않고 내버려두었다고 합니다. 대신 르볼 자신이 그림을 그릴 때 벼락이 떨어져도 안 움직일 것처럼 몰두하며 그렸다고 하더군요. 르볼은 그림으로 스스로 즐기는 모습을 보여준 것이었지요. 그는 아이를 치유하는 방법이 그 아이만의 그림을 찾는 것이라 생각한 것입니다. 부모님들도 아이의 놀이를 찾아주려 하기보다 부모님이 즐길 수 있는 놀이를 찾는 것이 아이들의 놀이를 확장시키는 방법이 될 수 있습니다. 부모 스스로가 자연에서 즐겁게 놀 수 있다면 아이는 자연스럽게 자연과 함께 진짜 놀이를 할 수 있게 됩니다.

아이가 진짜 놀이를 하기 위해서는 아이 스스로의 상상력과 부모, 선생님 등 롤 모델에 따른 동기 부여가 중요하다고 생각됩니다. 숲에 가면 누구와 함께 갈까요? 보통 부모와 같이 갈 것입니다. 부모의 행동을 아이들이 보고 따라 하기도 하고 자신이 하고 싶어 하는 놀이를 하고 싶어 할 것입니다. 앞서 이야기한 대로 스스로 가져간 놀이 도구를 이용할 수도 있고, 없다면 주변 자연물을 이용할 수도 있을 것입니다. 진짜 경험, 진짜 놀이를 위해 규칙으로 제약하기보다는 스스로 판단하고 만들어가는 놀이를 충분히 즐길 수 있는 경험을 쌓아주시면 좋겠습니다. 더불어 부모님들도 나름의 방법으로 숲을 즐기는 방법을 모색해보시면 더 좋겠지요. 책을 보거나 그림을 그린다거나 음악을 감상한다거나 자연을 관찰하는 등 숲에서 할 수 있는 일은 의외로 많습니다. 『독서력』을 쓴 사이토 다카시 교수는 체험지상주의는 경험의 세계를 좁게 만들 수 있다며 아이의 커뮤니케이션 능력을 강조했습니다. 커뮤니케이션을 잘하기 위해서는 다양한

표현 능력의 향상이 필요합니다. 표현 능력은 롤 모델의 모방에서 많은 영향을 받습니다. 아이가 다양한 표현을 할 수 있도록 부모가 롤 모델이 되어주는 것이 최상의 조건입니다.

캠핑장 등 야외에서 먹고 쉬는 것도 좋지만 의자에 앉아 자연을 바라보기만 하기에는 이동한 거리와 돈, 시간이 아깝지 않을까요? 스스로 호기심 가질 만한 주제를 둘러보며 찾아보시고 세심하게 관찰해보세요. 아이와 함께 직접 만지고 느껴볼 수 있는 시간을 꼭 가져보시기 바랍니다.

# 9 불편함 받아들이기

6월 장마가 끝나고 나면 본격적인 더위의 여름이 시작됩니다. 여름 하면 한낮의 뜨거운 태양, 한밤의 모기 소리 등 부정적 이미지를 떠올리는 분들이 계실 겁니다. 여름철에 숲에 가는 아이들도 부정적인 표현을 하는 경우가 종종 있습니다. 특히 숲에 처음 가는 아이들이 걸으며 자주 하는 말이 있습니다. "더워요~", "얼마나 걸려요?", "차 타고 가면 안 돼요?", "에어컨 나오는 방에 있으면 좋았을 텐데……." 등 한낮의 더위 속을 걷고 있는 자신의 처지를 불평하기도 합니다. 숲에 다녀온 아이의 부모님들이 많이 하시는 말씀은 이렇습니다. "모기에 많이 물려서 아이가 힘들어 했어요.", "피가 날 때까지 너무 긁어요.", "밤에 다리를 너무 긁어서 흉터 남을까 걱정이에요." 부모님의 이런 걱정을 아는지 모르는지 아이들은 무더운 한낮의 태양과 모기의 가려움을 잊고 다시 숲을 찾아옵니다. 신체적 고통은 아이들의 몫인데 심적 고통의 몫은 부모의 것인지도 모르겠습니다.

왜 아이들은 덥고 모기가 무는 숲에 다시 올까요? 이를 이해 못 할 부모님도 계실 겁니다. 아이들과 함께 놀이를 하다 보면 부모님들이 이해 못할 행동들을 하는 경우를 종종 보게 됩니다. 더위에 비 오듯 땀을 흘리며 열심히 흙을 파는 아이, 모기 물리는 것에 아랑곳하지 않고 가만히 앉아 무언가를 하는 아이, 가방 벗는 것도 잊은 채 두 시간 동안 가방을 매고 놀고 있는 아이, 놀다 보니 가져온 간식을 먹지도 못하고 다시 가져가는 아이…… 아이들은 놀이에 빠져 있는 것입니다. 우리 모두 알고 있습니다. 사람은 무엇인가에 빠지면 이해하지 못하는 행동을 할 수도 있다는 것을 말입니다. 사랑하는 연인들이 그런 경우가 많죠. 부모들도 결혼 전엔 대부분 그러셨을 테니 잘 아실 겁니다. 그렇게 아이들은 놀이와 사랑에 빠집니다. 언제부터인가 도시의 아이들은 사랑의 감정을 느껴보기도 전에 현실을 살아가고 있는 것 같습니다. 느낌이 아닌 지식을 강조하고 관심과 생산적 시선이 아닌 휴식과 소비의 시선으로 삶의 가치가 변해버린 지금, 우리 아이들의 유년시절이 지나가고 있어 아쉽기만 합니다. 아이들은 놀이를 사랑하고 있지만 부모가 반대하여 다가갈 수 없는 짝사랑이 되고 말았습니다.

아동발달과 놀이이론을 연구한 서턴 스미스 교수는 "자연에는 아이들이 위험한 존재이도록, 아이들에게는 자연이 위험한 존재이도록 해야 한다. 더욱 냄새 맡고, 맛보고, 부수고, 사고 치는 것을 보고 싶다."라며 아이들의 불안전성과 도전의식을 강조했습니다. 자연에서 아이들이 취할 수 있는 행동은 위험한 것이며 그것은 놀이에도 동일하게 적용됩니다. 아이들의 도전의식은 모험이며 모험은 위험이기 때문입니다.

　자녀를 천재로 키운 칼 비테는 자녀가 걸음마를 배운 후에는 밖에서 자유롭게 다니게 하는 것을 원칙으로 정하고 불, 물 등 아이에게 위험해 보이는 것도 모두 경험하게 하였습니다. 칼 비테는 아이의 몸이 약해지는 것보다 죽는 것이 낫다고 생각했고 죽음은 흔하지 않지만 쇠약해지는 것은 흔하다며 아이의 자연적 경험에 의한 도전과 경험을 중요시 했습니다.

　아이들의 진짜 놀이는 '불안정한' 것입니다. 불안정하기 때문에

부모는 반대합니다. 반대하면 만날 수 없습니다. 아이들에게는 불편한 경험도 놀이의 일부가 됩니다. 아이들은 놀이 속에서 기쁜 일, 화난 일, 슬픈 일, 즐거운 일 등 모든 희로애락을 느끼며 앞으로의 삶을 간접 경험합니다. 대부분의 부모는 아직 어리다고 생각되는 아이에게 기쁘고 즐거운 삶만을 살게 해주고 싶어 합니다. 하지만 자연의 흐름은 기쁨과 슬픔, 명과 암을 모두 가지고 있으며 서로 순환합니다. 자연의 흐름은 생명을 가졌다면 누구도 벗어날 수 없는 삶의 흐름입니다. 생명의 기운이 활발한 우리 아이들의 삶에도 안정과 즐거움만이 아닌 불안정과 괴로움도 있습니다. 이 사실을 부모들은 인정할 필요가 있습니다. 진짜 아이들의 삶은 안정된 삶이 아닌 불안정한 삶이라는 것을 알아야 합니다. 안정되고 고정된 것은 죽은 것입니다. 진짜 삶은 고정된 것이 아니라 항상 변화한다는 것을 놀이로 느껴야 합니다. 아이가 불안정과 불편함을 인정할 때, 그 깨우침이야말로 앞으로 닥칠지도 모를 인생의 어려움을 헤쳐나갈 큰 힘을 아이 마음속에 담게 되는 것이라 믿습니다. 그 힘을 얻기 위해 생명의 흐름을 직접 느낄 수 있는 자연에서 온몸으로 느끼기를 바랍니다.

도시에 있다 자연에 갈 때 몸의 불편감은 어쩔 수 없는 사실입니다. 우리는 이미 편리한 삶을 살고 있는 도시인이기 때문이지요. 침대보다 흙바닥이 편할 수 없고 안락의자보다 나무등걸이 편할 수 없습니다. 에어컨보다 나무 그늘이 더 차가울 수 없습니다. 집안보다 눈 내리는 밖이 따뜻할 수 없습니다. 도시가 주지 않는 숲의 불편감을 열린 마음으로 받아들인다면 더 큰 즐거움을 느낄 수 있는 기회가 주어질 것입니다. 생텍쥐페리의 소설 『어린왕자』에서 소중한 것은 눈에 보이지 않는다고 했습니다. 자연 속에도 눈에는 보이지 않지만 느껴지는 소중한 것이 있습니다. 흙바닥의 따스함과 시원함을, 나무둥걸의 세월의 푸념을, 나무 그늘의 바람소리를, 흰 눈에서 즐기는 신나는 놀이를 느낄 수 있을 겁니다. 아이와 함께 여름의 더위와 모기소리에 집중하기보다 숲 그늘의 시원함과 계곡의 물소리와 바람소리를 느껴보시면 좋겠습니다.

4장

치유하는 숲

# 1 해롭지 않은 균

숲을 처음 찾은 초등학생 아이들과 함께한 숲 체험이었습니다. 아이들은 숲길을 이리저리 뛰고 걸으며 활동적으로 돌아다닙니다. 숲길을 걷고 또 걸어 머무를 만한 곳을 찾아 아이 한 명이 말합니다.

"여기서 놀자~!"

"그래, 그래. 여기가 좋겠다."

아이들은 동의합니다.

말이 끝나자마자 아이들은 가방에서 돗자리를 꺼내서 펴거나 방석을 꺼내 앉습니다. 방석이나 돗자리가 없는 아이는 우물쭈물하다가 친구에게 이야기합니다.

"나 여기 같이 앉아도 돼?"

"......"

"어~ 여기 앉아."

어떤 아이는 쉽게 자신의 자리를 내어주고 어떤 아이는 그렇지 않습니다. 이렇든 저렇든 어떤 아이도 땅바닥에 그냥 앉지 않습니다.

이번엔 다른 숲 활동 이야기입니다. 장소를 정하고 돗자리에 앉은 아이들은 간식을 꺼내기 시작합니다. 가방에서 물티슈를 찾는데 안 보이자 제게 묻습니다.
"대장, 물티슈나 휴지 없어요?"
"없는데 왜?"
"손을 닦으려고요"
"손수건을 물에 적셔 닦으면 되는데. 그게 훨씬 더 깨끗해."
아이의 표정은 시큰둥합니다. 저와 아이의 대화를 들었는지 때마침 다른 친구가 물티슈를 가져왔다고 하자 아이들 모두 달려가 물티슈를 얻습니다. 물티슈를 가져온 친구는 순간 인기가 좋습니다. 어떤 아이는 쉽게 물티슈를 얻어 닦고 어떤 아이는 힘들게 얻어 닦습니다. 어떤 아이도 손을 안 닦고 간식을 먹지 않습니다. 한 차례 청결 타임이 지난 뒤 아이들은 손이 아닌 포크나 젓가락을 이용해 간식을 먹습니다.

아이들과 함께 숲에 가면 다양한 상황에 처하게 되는데 아이들의 나이가 많아질수록 청결에 대한 강박이 있음을 느낍니다. 다리가 아픈데 돗자리나 방석이 없으면 앉지를 못하고 배는 고픈데 물티슈나 휴지가 없어서 간식을 먹지 못하는 웃지 못할 상황이 벌어집니다.

땅에 앉기 위해 무엇인가 있어야 하고 간식을 먹기 위해 손을 닦고 먹어야 하는 과정의 통일성과 일관성에 갑갑하기도 합니다. 전염병 등 병균으로부터 건강을 지키는 것은 필요합니다. 앞으로 예상되는 병으로부터 건강을 지키기 위해 지금의 배고픔과 같은 당장의 필요를 미루는 것은 힘든 일입니다. 우리 아이들은 이미 자연적인 것을 경험하기도 전에 사회적으로 교육받아 숙달되고 있습니다. 아이들은 사회적 과정으로 인해 꼭 필요한 자연적 목적을 경험하지 못하는 것입니다.

책『자연은 알고 있다』에서는 조류독감의 원인을 사회적 문제로 바라봅니다. 생명은 다양하게 발전해오며 질병으로부터 안전하게 종족을 보존해오고 있었습니다. 인류가 발전하면서 특정한 종류의 것을 더욱 원하게 되었고 그 수요를 충족하기 위해 급격히 양식하면서 생태계의 불균형을 가져오게 됩니다. 불균형한 생태계는 동종교배로 인해 다양성의 취약성을 가지게 됩니다. 우량종의 동종교배로 다양성이 획일화되면서 진화가 일어나지 않았습니다. 진화가 되지 못한 종은 면역력이 약해져 하나의 병균에도 취약해집니다. 주기적으로 나타는 조류 인플루엔자, 구제역 등 전염병은 획일화의 결과인 것입니다. 자연은 불균형한 상태를 바꾸기 위해 전염병이라는 대규모 죽음을 통해 다양성을 이루려는 것만 같습니다. 종의 보존과 안전을 위해 다양성은 반드시 필요하며 다양성이 획일성을 막아 일부의 피해로 다수를 지킬 수 있게 되는 것입니다.『면역에 관하여』의 저자 유

라 비스도 집단 면역이란 내용을 소개하며 현대의 면역체계는 개인의 치료를 목적으로 하기보다 집단의 다양화로 질병을 차단하는 것이라 했습니다. 단체로 백신을 맞을 경우 개개인의 질병 예방 효과는 다를 수 있으나 질병을 막아내는 개인에 의해 전염의 단절을 이뤄낼 수 있다는 것입니다. 즉 백신은 개인마다 획일적인 성과를 기대하는 것이 아니라 다수의 접종 결과의 다양성으로 사회의 면역력을 키우는 것입니다.

의사이자 작가인 줄리아 엔더스는 TED 강연에서 청결에 대해 이렇게 말합니다. "진짜 청결함은 세균들을 즉살해버리는 것이 아닙니다. 지구상 세균의 95%는 해롭지 않습니다. 대다수가 유익하죠. 그래서 진짜 청결함이란 건강한 균형에 대한 것입니다. 현실적으로 해로운 것을 100% 피할 방법은 없습니다. 그렇기 때문에 진짜 청결함은 좋은 세균을 많이 가지고 있고 해로운 균을 적게 가지고 있는 것입니다."

청결을 위해 닦고 뿌리고 입는 등에 많은 에너지를 쏟은 결과 적은 양의 해로운 세균을 일부 쫓기는 했지만 대부분 많은 양의 유익한 세균도 함께할 수 없게 되었다면 우리는 아이들에게 좋은 환경을 만들어주지 못한 것입니다. 책『초라한 밥상』에서는 편협해지는 환경에 대해 경고합니다. 자연계에 존재하는 물질에서 따로 순수한 물질을 추출하여 집중적이고 장기적으로 투여한다면 어떤 식으로든 폐해가 나오지 않는 쪽이 오히려 이상하다는 것입니다. 그런 의미에서는 식품첨가물을 비롯하여 주위에 넘쳐나는 화학물질이야말로 진지하게 고민하지 않으면 안 될 문제라고 생각하시는 분들도 있습니다. 자연적 관점으로 볼 때 도시는 건강하고 균형 잡힌 세상이 아닐지도 모릅니다. 유익한 균보다 나쁜 균이 더 많을지도 모르죠. 하지만 숲에서는 조금 다르게 생각해주시면 좋겠습니다. 그곳에는 이미 많은 생명들이 서로 돕고 의지하며 살아가고 있고 앞으로도 살아가기 위해 노력할 것이기 때문입니다.

숲은 지구상 세균 중 95%의 해롭지 않은 균이 살고 있는 곳입니다. 도시보다는 안전한 곳입니다. 좀 더 좋은 환경에서 아이를 키우고 싶다면 숲을 권해드립니다. 과정이 목적을 방해하는 도시적 습관보다 자연의 과정으로 아이들 스스로 건강 문제를 해결할 수 있는 기회를 줄 수 있는 숲으로 가보세요.

# 2 화장실에 가고 싶어요

　　얼마 전 한 어머님이 아들에 대한 이야기를 들려주셨습니다. 하교 시간에 아이를 만나러 학교에 갔는데 어쩐 일인지 평상시 열려 있던 후문이 잠겨 있었다고 합니다. 그런데 아이들이 나오다 이 사실을 알고 어머님의 아이는 멀리 정문으로 돌아서 가자고 하고 같이 온 친구는 넘어가자고 하는 모습을 보며 아이의 고정적인 사고와 행동에 답답해 하셨다고 하더군요. 참고로 그 후문은 아이가 마음만 먹으면 쉽게 넘을 수 있는 허리보다 살짝 높은 낮은 문이었다고 합니다.

　　숲에서 이런…… 일이 있었습니다.

　　"대장님, 저…… 화장실에 가고 싶어요."

　　"그래? 그럼 저기 우거진 나무 뒤에 가서 하고 오렴"

　　"……."

　　"왜? 무서워?"

"아니 그게 아니고 화장실에서 하고 싶어요.

"왜? 여기서 해도 괜찮아. 화장실에 꼭 가야 하는 이유라도 있니?"

"……."

"같이 가주면 될까?"

"아니요.…… 화장실에 가고 싶어요.……"


결국엔 아이와 가까운 숲이 아닌 멀리 있는 숲 밖의 화장실까지 내려와 볼일을 보고 돌아갔습니다. 아이들과 숲에서 지내다 보면 꼭 겪게 되는 것이 있습니다. 그것은 다름 아닌 생리현상! 누구나 언제나 생리현상을 만날 수 있습니다. 그런데 아이들마다 그 상황에 따라 대처하는 방법은 다른 것 같습니다.

사람들은 살아갈 때 환경의 영향을 많이 받습니다. 특히 어린아이들은 주변의 상황을 보고 학습하며 배워나갑니다. 보통은 부모, 친척, 친구들의 모습을 보고 자신의 경험과 감정으로 배워나가는데 그 중 가장 영향을 많이 주는 것이 어린 시절에는 부모와 같은 어른입니다. 그러던 것이 점점 성장하면서 친구를 통해 많이 배우고 그 다음으로 넘어가 마지막엔 책이나 여행 등 자신의 경험으로 성장하는 것입니다. 우리 어린 아이들 중 많은 아이들이 어느 순간 성장을 멈춘 것같이 느껴질 때가 있습니다. 어른과 친구들의 시선을 의식하느라 자신의 느낌을 보지 못하고 있는 것 같기 때문입니다. 자신의 경험이 아닌 다른 사람의 경험을 복습하는 느낌이라고 해야 할까요? 화장실에 가고 싶은 신체의 욕구가 있고 해결방법이 가까이 있는데도 기존의 학습된 경험만이 옳은 것처럼 행동하는 친구들을 마주하면 답답하기보다 안타까운 마음이 생깁니다. 자신의 욕구보다 사회와 문화의 욕구에 순응하며 자신의 감정을 침해당해도 저항하지 못하는 아이가 되고 있는 것은 아닌가 하는 걱정이지요.

인문학자 고미숙은 책과 여행을 통한 새로운 경험과 실천으로 배움을 얻을 수 있고 그 배움을 통해 시간, 공간, 경험, 정신이 확장된다고 했습니다. 그 확장된 사고로 자유를 얻을 수 있게 되는 것이지요. 아이들의 삶에 규칙을 준수하는 준법정신과 예의범절도 중요하지만 자신을 마음껏 표현할 수 있는 자율성 또한 매우 중요하다고

생각합니다.

『신사고 신혁명』의 저자 제럴드 셀런트는 "21세기 생존을 위한 도구 상자에는 공격용 총, 돼지고기나 콩 통조림 따위는 들어 있지 않다. 첨단기술을 이용해서 만든 것도 들어 있지 않았다. 이 생존 상자 안에 있는 것은 주로 소프트웨어이다. 그것은 태도, 생각, 프로그램, 규율 같은 것이다. 풍부하고 건강한 의식, 개척자 정신, 소박함, 올바른 생활 방식, 균형 잡힌 훈련, 책임 의식, 수준 높은 양심에 대한 요구 등이 구성요소를 이룬다."라고 했습니다. 오래된 이야기지만 아직 생존 도구 상자의 내용들은 사회에 유용하고 필요합니다. 앞으로 아이들이 생존 도구 상자 속 소프트웨어를 갖추게 된다면 자신만의 훌륭한 삶을 살아 갈 수 있을 것입니다.

자연의 범위는 도시의 범위에 비해 비교할 수 없이 더 거대하다는 것을 모두가 상식적으로 알고 있습니다. 인류가 만든 법칙은 자연의 법칙을 벗어날 수 없습니다. 제럴드 셀런트가 말한 소프트웨어도 고미숙이 말한 배움도 자연 법칙 안에 있습니다. 자율성, 창의성, 자발성, 통합성 등 앞으로 인류가 나아갈 방향도 자연 안에 있다고 생각합니다. 그렇다면 아이들에게 어떤 법칙을 알려주고 싶으신가요?

도시에 살더라도 자연은 도시 곳곳에서 인간과 함께합니다. 조금만 시간을 만들고 아이와 시선을 맞춰 허리를 낮추기만 한다면 자연과 함께하며 자연에 숨어 있는 무한한 법칙을 느낄 수 있게 될 것입니다.

# 3 그냥 두세요

　　5살 이하의 아이들 몇 명이 엄마와 함께 숲을 찾았습니다. 다양한 아이들이 모이다 보니 활동도 다양하게 합니다. 그 중 엄마의 마음을 조마조마하게 만드는 아이들이 있는데 대부분 아주 활동적인 아이들입니다. 엄마의 시선에는 있지만 손이 뻗치지 않는 곳으로 자꾸자꾸 나아가는 아이들이죠. 이런 성향의 아이들은 언제 어디로 갈지 몰라 엄마가 항상 따라다녀야 하는 체력적 어려움이 있습니다. 숲 활동 중 이런 일이 있었습니다. 아이가 자기 어깨 높이의 벤치에 기어 올라가 있다가 엉거주춤 하더니 불안한 모습으로 망설이다 뛰어내린 것입니다. 엄마는 놀라서 황급히 다가갔습니다. 아이는 바닥에 주저앉아 멀뚱멀뚱합니다. 그리고는 다시 벤치에 올라가 뛰기를 반복합니다. 숲 활동 시작 전 아이들의 자유를 강조하다 보니 어머님은 말리지도 못하고 소리도 못 지르고 안절부절하며 지켜보다 물으셨습니다. "아이가 벤치에서 뛰어내리는데 어떻게 해요?"

"그냥 두세요."

대답을 들은 어머님은 그 자리에 머물며 불안한 시선으로 아이를 쳐다보고 계셨죠. 아이는 몇 번 더 하더니 다른 곳으로 자리를 이동했습니다. 아이가 위험해 보이는 행동을 하는 사례는 많습니다. "아이가 주변을 안 보고 뛰어다녀요.", "아무 곳이나 기어 올라가요.", "돌을 집어던져요.", "맨발로 다녀요.", "아무것이나 먹어요." 등 아이를 키워본 부모님이라면 많이 경험하실 겁니다. 그럴 때면 저는 속으로 생각합니다. '가급적 이 자리에도 계시지 말고 멀리 계시면 좋겠는데…….'

아이들은 본능적으로 행동합니다. 그러다 보니 자신의 욕구에 충실하죠. 하고 싶은 것이 있으면 해야 하는 것입니다. 아직 사회적 규칙도 모르고 주변의 시선도 모르기 때문에 내면에 더욱 집중하는 것이죠. 아이들은 순간순간 행복하고 더 많이 웃습니다. 아이가 하고 싶은 것을 하지 못하면 어떻게 될까요? 하고 싶은 욕구를 가로막으면 어떻게 될까요? 아이는 물론이고 어른도 하고 싶은 것을 하지 못하면 하고 싶은 것이 눈에서 아른거리고 머릿속에서 생각이 맴돕니다. 그런데 세상 모든 것이 궁금한 아이들은 당연히 더 자주 더 많이 하고 싶은 것이 있을 것입니다. 하고 싶은 것을 하고 나면 어떻게 될까요? 그것도 충분히 했다면, 알고 싶은 것을 알았다면, 우리는 더 이상 관심을 가지지 않게 되는 경우가 많습니다. 처음에는 정말 재미있을 것 같아 시작한 게임도 하다 보면 시들해져 다른 것을 찾습니다. 멋진 몸매의 사진을 보고 운동을 시작했지만 하다 보면 힘들기도 하고 재미도 없어져 안 하게 됩니다. 가을에 책을 봐야겠다고 생각하고 한 권 사서 들여다보다 호기심이 떨어지면 이내 안 보게 됩니다. 이렇게 충족된 욕구와 사라진 욕구는 다시 하지 않는 것이 자연의 순리입니다. 배부르면 안 먹고 배고프면 먹고, 맛있으면 먹고 맛없으면 안 먹고, 뛰어보고 싶으면 뛰고 위험할 것 같으면 안 뛰는 것이 자연스러운 것입니다.

아이들의 정신건강을 위한다면 욕구를 충족시켜줘야 합니다. 아이들에게 욕구를 충족시켜주기 위해서는 자유가 필요하고 자유를 주기 위해서는 환경을 만들어주는 것이 중요합니다. 욕구를 표현하는 것은 자유로운 환경일 때 가능합니다. 부모가 말과 몸으로 막아서는 것이 아이에게 신체적 안전은 줄 수 있으나 정신적 자유를 뺏는 것이지요. 아이가 자기 마음의 소리를 충실히 따를 수 있는 환경이 필요합니다. 부모가 원하거나 사회가 원하는 소리가 아닌 자신이 원하는 소리를 듣고 행동하는 것이 행복한 삶에 더 가까울 것이기 때문입니다. 아이에게 자유로운 환경을 주려면 부모와의 거리가 중요합니다. 아이의 정신적 자유를 침해하지 않는 거리를 지켜주세요. 충분히 거리를 두기 위해서 아이가 자유롭게 표현할 수 있는 신체적 안전을 확보할 수 있는 장소를 마련해주세요. 공원, 숲 놀이터 등에서 최소한의 안전을 확보할 수 있는 공간을 제공할 수 있습니다. 아이가 필요로 하면 거리를 좁히고 아니라면 거리를 두며 적절한 공간에서

함께하는 것입니다. 이런 공간에 형, 누나 등의 롤 모델이 있다면 더욱 좋겠지요. 과거에는 동네 골목이라는 공간이 아이들의 놀이터가 되었습니다. 골목에서 형, 동생, 누나, 오빠 모두 모여 다양한 놀이를 하고는 했습니다. 그 공간에서 스스로 표현하고 놀기도 하고 형에게 배우고 동생에게 가르치며 놀이를 즐겼습니다. 지금은 과거보다 더 작은 공간에 더 많은 사람이 살지만 아이들이 어울려 노는 모습을 볼 수 없는 환경이 되고 말았습니다. 마을마다 골목 같은 공간과 아이들이 꼭 있었으면 좋겠습니다. 아이들의 정신 건강과 신체 건강을 위해서는 꼭 필요합니다.

아이의 관점에서 바라보면 행복은 멀리 있지 않아 보입니다. 자신의 목소리에 귀 기울이고 행동하는 시간이 아닐까요? 파울로 코엘료의 『연금술사』는 주인공이 자신의 마음의 소리를 따라 떠나는 여정을 그린 작품입니다. 진정한 삶을 연금술로 비유하며 연금술이란 자신의 목소리에 귀 기울이며 충실히 살아갈 때 완성된다고 이야기합니다. 내가 아닌 남이 원하는 삶을 살아간다면 아이의 삶도 즐겁지 않을 것입니다. 즐겁지 않고 스스로 표현하지도 못한 어린 시절을 보낸 아이는 커서도 자신의 삶을 살 수 없게 되어 불행하게 될 것입니다. 진화심리학자 서은국은 "행복의 본질은 생각이 아니라 경험이다."라고 했습니다. 고대부터 인류는 생존을 위해 행복을 발달시켰습니다. 불편한 것은 위험한 것, 좋은 것은 안전한 것 같다는 느낌과 감정을 쌓아갑니다. 불편한 것을 잘 피하고 좋은 것을 잘 받아들이면 생존율이 높아졌던 것입니다. 좋은 것을 추구하는 것이 행복입니다. 행복을 위해 경험이 필요하고 경험은 느낌과 감정을 일으킵니다. 느낌과 감정이 있는 경험이 생존을 위한 필수 도구라는 것입니다. 행복하려면 무엇인가를 가져야 한다고 생각하지만 행복하기 위해서는 함께해야 하는 것입니다. 행복의 반대말은 고독한 삶이기 때문입니다. 철학자 존 스튜어트 밀은 "만족한 돼지보다는 불만족한 사람이 낫고, 만족한 바보보다는 불만족한 소크라테스가 낫다."고 이야기했습니다. 아이에게 진정한 행복을 주려면 자유부터 줘야 하는 이유입니다. 맑은 공기도 마실 겸 근처 공원이나 숲에 아이와 함께 가서서 자유로운 자연의 느낌을 한껏 느껴보세요.

# 4 중 2도 기분 좋게 만드는 숲

가을에는 초·중·고등학교 학생들이 현장체험학습을 많이 나갑니다. 현장체험학습이라고 하면 '그게 뭐지?' 하시는 분들도 계실 겁니다. 과거로 말하면 야외학습, 더 과거로 얘기하면 소풍을 말합니다. 체험을 밖에서 진행하다 보니 여러 장소에 따라 다양한 체험을 하게됩니다. 몇 년 전부터 진로체험에 대한 요구가 높아져 가을에는 종종 중학생과 고등학생을 대상으로 하는 체험을 나가곤 합니다. 주로 유아, 아동, 초등학생을 대상으로 숲 활동을 하다 중학생의 현장체험학습을 나가는 날에는 기대보다 걱정이 앞섭니다. 아이들의 무기력한 모습을 보게 되면 좀 더 도움이 되고 싶은 마음에 부담감이 커지게됩니다.

중고생들은 밖에서도 핸드폰을 주로 하며 앉아 있고 싶어 하고 걷기 싫어하는 모습을 보입니다. 아이들에게 현장체험학습 전에는 힘들고 무료한 시간이지만 체험이 끝났을 때는 힘들지만 즐거운 시간이었으면 좋겠다는 마음으로 진행할 때가 많습니다. 바람대로 될 때도 있지만 안 되는 경우도 있습니다. 바람대로 됐을 때는 일을 했지만 힘이 불끈불끈 더 생기고 반대의 경우는 두 배로 힘이 들고 집에 가는 발걸음이 무겁습니다.

　중고생 대상 숲 활동으로 현장체험학습을 준비할 때 아이들이 자연에 대해 조금이라도 호기심과 관심을 가지게 하기 위해 사전 준비를 많이 합니다. 활동 전 사전에 장소를 답사하고 활동지 제작과 체험동선 등 활동 방법을 기획하여 준비를 합니다. 체험 당일에도 사전 답사 시 살폈던 장소와 체험물에 변동사항이 없는지 확인을 하고 아이들을 기다립니다. 저 멀리 아이들이 삼삼오오 걸어옵니다. 자리에 앉은 아이들은 대부분 무표정합니다.

　인솔 선생님의 소개를 받아 체험을 시작하면 "지금 기분이 어때요?"라고 묻습니다. 아이들의 기분을 5점 척도로 최악 - 나쁨 - 보통 - 좋음 - 최고로 매겨 보라고 하면 최악과 나쁨에서 대부분 오락가락하고 있습니다. 두 번째로 "오늘 기대하는 것이 있나요?"라고 물으면 대부분의 아이들은 "없다."라고 합니다. 기분이 좋은 몇 친구들은 그 이유가 "학교에 안 가서 좋아요.", "학교 밖에 나와서 좋아요."입니다. 옆에 선생님이 계시는데도 이런 이야기를 하는 것을 보면 학교에 대한 아이들의 감정을 엿볼 수 있습니다. 안타까운 일입니다. 활동적인 숲 활동은 여러 장소를 옮겨다니며 진행합니다. 자연에서 하는 활동적 체험 활동은 식물, 빛, 바람 등에 의해 아이들에게 긍정적으로 작용합니다. 숲 활동 후 아이들과 다시 이야기해보면 많은 아이들이 "기분이 좋아졌어요.", "주변에 이런 것들이 있는지 몰랐어요.", "다음에 다시 오면 더 많이 보일 것 같아요." 등 긍정적인 평가를 해주어서 기분이 좋습니다.

어릴 적에는 그랬던 것 같습니다. 1년에 한 번 혹은 두 번 정도 야외활동을 했습니다. 소풍, 사생대회, 그림대회 등 야외 활동의 명분은 조금씩 다르지만 아이들은 친구들과 학교 밖으로 나가는 소풍이라 생각했을 겁니다. 물론 아닌 친구들도 있겠지요. 소풍 가는 날이 정해지면 아이들끼리 삼삼오오 이야기를 나누며 무엇을 하고 놀지 하루하루 꼽아가며 기대를 했습니다. 소풍 전날에는 너무 설레고 들뜬 나머지 잠을 이루지 못하는 친구들도 있었습니다. 지금 아이들은 과거 우리들보다 어릴 적부터 더 많이, 더 자주 체험학습을 다닐 수 있습니다. 기회가 느는 만큼 기쁨과 설렘도 커질 것 같지만 정비례하지는 않습니다. 스스로가 아닌 다른 사람의 요구에 의해 다니는 경우가 더 많아져서 다니면 다닐수록 감정은 무뎌져갑니다. 결과적으로 과거에 비해 현재의 소풍은 아이들에게 설렘과 호기심을 주지 못하는 것 같습니다.

아이들에게 긍정성을 키워주기 위해서 숲이나 공원에 가보시길 바랍니다. 자연 환경을 제공하기만 해도 아이들의 긍정성이 높아질 수 있습니다. 긍정성은 회복 탄력성을 높이는 매우 중요한 요소입니다. 『회복 탄력성』의 저자 김주환은 세상에 좀 더 쉽게 잘 적응하

197

며, 행복하게 살기 위해서는 회복 탄력성이 필요하다고 했습니다. 회복 탄력성은 자기 조절 능력, 대인 관계 능력, 긍정성으로 이뤄져 있습니다. 회복 탄력성이 높은 사람은 행복의 자동 온도 조절 장치를 가진 것으로 큰 불행에도 쉽게 기존의 행복 수준으로 돌아와서 지속적인 행복을 유지할 수 있습니다. 세 가지 요소 중 가장 중요하고 다른 요소에도 큰 영향을 주는 요소가 긍정성입니다. 긍정성은 운동처럼 꾸준히 연습해서 개발될 수 있습니다. 긍정성을 훈련하기 위해 야외 활동을 하고 친구와 함께 운동하는 것을 추천합니다. 꼭 친구가 아니어도 가족과 함께 야외 활동을 하고 운동을 할 수 있을 것입니다. 상상해보세요. 아이와 공원을 걷고 있습니다. 하늘에서는 밝은 햇살이 비치고 바람은 살랑살랑 귓가를 스칩니다. 나무 사이로 비치는 햇살로 바닥의 그늘이 반짝이는 것 같습니다. 아이는 길을 따라 앞서거니 뒤서거니 달리고 있습니다. 아이를 따라 시선을 옮기며 가슴속에 상쾌한 공기가 들어옵니다. 주변의 환경이 행복하게 보입니다. 긍정적입니다. 햇빛을 보며 야외에서 함께 걷기만 해도 긍정성이 높아집니다. 아이의 지속적인 행복한 삶을 위해 숲과 공원에 주기적으로 가보세요.

# 5 믿는 만큼 다가오는 숲

우리가 자연에 가는 이유는 긍정적 요소를 느끼고 그 해택을 받고자 하는 것인데 이런 변화들을 어떻게 느낄 수 있을까요? 책이나 강의로 익히고 배우면 느낄 수 있을까요? 자연을 느끼는 가장 기본적인 마음자세가 필요합니다. 마음자세로 가장 중요한 것은 '믿음'입니다.

'아는 만큼 보인다.'라는 말이 있습니다. 보고 들은 경험이 쌓이고, 쌓인 경험의 양만큼 느껴서 지식이 깊고 넓어진다는 이야기이지요. 보통 교육의 목적을 이야기할 때나 창의성에 대해 이야기할 때, 예술 작품들을 보고 들을 때 등 많은 곳에 상식적으로 통용되는 문장입니다. 정말 세상에는 많은 일들이 일어나고 있고 사람들은 직접 혹은 간접 경험을 하게 됩니다. 경험 중에는 보고도 모르는 것, 듣고도 모르는 것들이 있습니다. 이는 지식이 부족한 경우도 있겠지만 관심이 없거나, 경험해보지 못해서인 경우가 많을 것입니다. 아마 앞으로는 정보의 양이 점점 더 많아져 아는 것보다 모르는 것들이 더 많아지지 않을까 생각합니다. 도시화되는 인간은 언제 쓰일지 모를 지식을 대량으로 학습하는 체계에 살고 있고 세상과 삶의 대부분을 차지하고 있는 자연 현상을 경험할 기회는 점점 더 부족해지고 있습니다. 그 정보의 차이만큼 상호간의 편견과 지식의 차이는 더욱 커질 것입니다.

내셔널지오그래픽의 디윗 존스는 이렇게 말했습니다. "세상에 어떤 것도 내가 직접 볼 때까지 믿지 않을 것이라던 내가 더 많은 경험과 경력을 쌓으면서 깨닫게 된 것은 완전히 반대로 접근해야 한다는 것이었다. 내가 믿지 않는 한 변화는 볼 수 없다. 이것이 진정한 삶의 순리였다."

우리는 자연에 대한 믿음이 없던 처음의 디윗 존스처럼, 보이는 세상이 모두인 것처럼 살아가고 있습니다. 우리는 도시에 살고 있고 도시는 거대한 자연 안에서 살고 있습니다. 자연에 대한 믿음으로 인간 세상을 바라볼 수 있다면 얼마든지 주변의 작은 자연을 만날 수 있습니다. 편견 없는 우리의 아이들처럼 말이죠.

아이들은 주변에 호기심이 많습니다. 걷다가 발밑에 꽃을 발견해서 발걸음을 멈추고 관찰을 합니다. 꽃 옆에 기어가는 개미를 발견하고 눈길을 보냅니다. 개미의 걸음을 따라가다 개미가 나무에 오르면 시선은 나무를 향해 갑니다. 나무의 색상과 거친 표면이 눈에 들어오고 계속해서 개미를 쫓다 보면 하늘로 솟아오른 줄기 끝에 푸른 잎사귀가 보입니다. 잎사귀 사이에 별처럼 빛나는 햇빛에 눈이 부십니다. 자연은 그렇게 아이의 눈을 통해 마음으로 들어옵니다.

『나의 라임 오렌지 나무』의 제제와,『큰 바위 얼굴』의 어니스트, 『파이 이야기』의 파이처럼 자연을 깨닫는 순간은 환경만으로 이뤄지지 않습니다. 대상에 대한 믿음으로 대화를 해나갈 때 나무도 바위도 호랑이도 말을 걸어오는 것입니다. 단순한 물건으로 대한다면 그들과 대화할 수 없고 이해할 수도 없습니다. 믿음은 자연과 대화하기 위해 매우 중요합니다.

우선 아이보다 부모가 자연을 알고자 호기심을 가지고 자연을 편견 없이 바라보며 흙을 만지고 새싹을 바라보며 꽃향기를 맡으려 노력한다면 아이는 물론이고 부모 모두에게 더 큰 앎과 지혜가 선물로 올 것입니다.

자연에 대한 믿음으로 '도시를 위해 만들어진 앎을 아는 것'에서 '대자연의 거대한 순리를 아는 것'으로 영역을 확장시켜준다면 자연을 접한 우리 아이들은 다른 모든 아이가 가질 수 있었지만 못 가진 특별한 능력을 가질 수 있지 않을까 생각해봅니다. 자연을 이해하는 특별한 능력의 힘이 아이가 삶을 살아가는 데 큰 버팀목이 되어 아이의 등을 받쳐줄 수 있기를 바랍니다.

　　봄이 오면 주변에 얼어 있던 땅이 녹고 초록의 새싹들이 기운차게 솟아오릅니다. 여름이면 태양의 뜨거운 햇살로 자연이 성장하며 몸집을 키우는 기운이 느껴집니다. 가을이면 겨우살이를 준비하느라 모든 영양분을 뿌리로 모으는 버림의 흐름을 알 수 있습니다. 겨울에는 앙상한 나뭇가지를 보며 수렴하는 자연의 흐름을 보고 느낄 수 있습니다. 믿음을 가지고 자연의 흐름에 몸을 맡겨보시면 어떨까요? 계절에 따라 아이 손을 잡고 근처 공원에 나가서 무릎 굽혀 낮은 시각으로 땅을 살펴 생명의 기운과 흐름을 느껴보세요.

**6** 숲에 와서 변화하는 아이들

　자연을 제일 잘 느끼기 위한 마음가짐은 '믿음'이라고 말씀드렸습니다. 사람들도 그렇지요. 상대를 이해하는 데 믿음보다 더 좋은 것이 있을까 싶습니다. 자연도 마찬가지입니다. 석가모니나 예수 같은 성자들도 믿음을 중요하게 생각하는 것으로 알고 있습니다. 이처럼 세상 중요한 이치는 비슷한가 봅니다. 아이들은 숲을 이해하는 것도 순수하고 물들지 않았기 때문에 쉽게 받아들일 수 있습니다. 숲의 생명을 믿는 것입니다. 아이들이 정기적으로 숲을 찾고 느낀다면 관점이 변화합니다.

　아이들이 지속적으로 숲에 오면서 발달하는 관점의 변화가 있습니다. 처음 숲에 오면 '부모'의 행동을 보고 '자연'을 경험합니다. 아이들은 낯선 환경으로 인해 어색함과 두려움을 느낄 수도 있고 확 트인 공간에서 편안함과 자유로움을 느낄 수도 있습니다. 이러한 느낌에 가장 중요한 역할을 하는 분이 바로 '부모'입니다. "아이들은 부모의 등을 보고 자란다."는 말과 같이 아이들은 숲에서 함께한 부모의 행동 하나하나를 살펴가며 따라하려는 성향이 있습니다. 부모가 자연을 편안하게 받아들이며 느끼고 있다면 아이도 스스럼없이 자연을 느끼려 할 것이지만, 옷에 흙 묻는 것이 싫고, 바람의 느낌도 차갑고, 미세먼지가 걱정 돼서 마스크를 꼭꼭 쓰고 있다면 아이도 자연에서 거리감을 느낄 수밖에 없습니다.

현재 대부분의 부모들은 도시인으로 살아온 시간이 30년 이상 되었기 때문에 자연에 대한 거리감은 이상할 것이 없습니다. 아이들은 이제 막 세상을 알기 시작했기 때문에 부모의 행동을 보고 자연을 판단하게 될 수 있습니다. 고대부터 인류의 생존을 위해 축적된 인간의 동물적 본능보다 바로 눈에 보이는 부모의 행동이 더 큰 영향을 주는 것입니다.

부모님들이 숲에 대한 긍정적인 생각을 가지고 숲에 가시면 됩니다. 부모 스스로가 자연에 대해 호기심을 가지고 활동하는 것을 아이가 보면 됩니다. 아이는 본 것을 따라하고 싶어 합니다. 만약 부모가 자연에서 스스로 활동하기 어렵다면 아이의 행동을 따라해 보는 것도 좋습니다. 아이가 관심 갖는 것에 같이 관심을 가지고 아이의 행동에 대해 많은 부분 수용하겠다는 마음가짐으로 가시면 됩니다. 아이가 돗자리를 벗어나 맨발로 흙을 밟으려할 때 '하지 마', '안 돼' 같은 부정적 반응보다 지켜보는 자세가 필요합니다. 이렇게 부모가 아이에게 수용적으로 대할 때 아이는 부모의 기준이 아닌 자신의 기준으로 자연을 느낄 수 있습니다. 아이가 부모의 눈치를 본다면 이미 자신의 기준보다 다른 사람의 기준을 고려하고 있다는 뜻입니다.

부모가 자신의 기준으로 아이를 재단하는 것이 아니라 아이 스스로 생각하고 행동하는 것을 수용할 때 아이는 '부모'에서 '자연'으로 관점의 변화를 가져오게 됩니다. 자신의 행동에 대한 부모의 간섭이 줄어들수록 행동에 따른 변화들을 집중해서 볼 수 있습니다. 흙을 만질 때 부모의 반응을 먼저 확인하는 아이가 아닌 흙의 차가움, 따뜻함, 축축함, 부드러움 등의 느낌에 더욱 집중하여 몸으로 자연을 느끼는 아이가 되는 것입니다. 바위에서 뛰어내릴 때 부모의 반응을 보지 않는다면 자신의 몸과 도전에 대한 위험에 대해 고민하고 판단할 것입니다. 도전 가능하다고 판단하면 실천할 수 있는 용기가 생기게 되는 것입니다. 느끼고 판단하고 결정하기 위해서는 집중이 필요합니다. 집중하기 위해서는 생각의 장애가 없어야 하는 것입니다. 집중해서 보다 보면 기존에 가졌던 호기심을 해소할 수 있습니다. 호기심의 해결이 또 다른 호기심으로 발전하며 아이는 스스로 성장하게 되는 것입니다.

자연을 지속적으로 접해온 아이들은 자연과 동화되며 또 다른 관점의 변화를 가져오는데 그것은 자연이 의인화된다는 것입니다. 즉 자연이 자기가 되기도 하고 엄마, 아빠, 할머니, 선생님, 언니, 오빠, 형, 동생 등의 사람이 되어 말을 걸기도 하고 걸어오기도 한다는 것을 느끼는 것이지요. 아이들은 언제나 소통을 하고자 합니다. 어린

시절에 인형, 담요 등 애착이 형성된 물건들에게 대화를 하는 어린이들을 종종 보셨을 것입니다. "어떻게 자연과 대화할 수 있지?" 라고 생각하신다면 『나의 라임 오렌지 나무』를 생각해보면 됩니다. 이 소설이 오랜 시간이 지난 지금도 많은 사람들에게 사랑을 받고 있는 이유는 제제와 라임 오렌지 나무와의 관계를 믿기 때문이라고 생각합니다. 애완동물을 키우는 많은 분들이 동물들과 자연스럽게 대화하는 이유도 그들과의 관계를 믿기 때문입니다.

자연과 교감하는 횟수가 늘어날수록 아이들은 '부모'에서 '자연'으로 '자연'에서 '자신'에게로 관점이 변화하는 것을 알 수 있습니다. 이러한 변화는 그냥 '숲'에 간다고 일어나는 것이 아니라 아이들 스스로 생각하고 행동하는 환경이 만들어질 때 가능합니다. 부모님들은 힘드시겠지만 아이들이 충분히 자연을 느낄 수 있도록 적극적으로 수용하는 자세를 꼭 당부드립니다.

　최근에 어떤 도시에서는 봄을 맞아 봄꽃 축제를 다양하게 준비하고 있습니다. 더 많은 사람을 초대하려고 쓸 만한 도로와 없던 문을 빨리 만들려고 포클레인 등의 중장비를 이용해 기존에 서 있던 나무들의 뿌리를 잘라내고 기둥과 가지를 부러뜨리고 뽑으며 공사를 진행하고 있었습니다. 공사 현장에서는 풀과 나무가 잘린 냄새가 진동을 합니다. 현장의 풀냄새와 나무 냄새가 피비린내로 느껴질 때도 있습니다. 공사 현장에는 살려달라는 냄새가 진동을 합니다. 만약 우리 아이들이 자연과의 교감으로 숲을 사랑하게 된다면 이러한 모습을 보고 어떤 생각을 할까요? 꽃 축제는 인간을 위해 만들어진 것으로 많은 사람들이 화려한 꽃을 찾아 벌떼처럼 몰려옵니다. 하지만 축제의 현장에서는 꽃에 대한 존중도 나무에 대한 사랑도 숲에 대한 존엄도 찾아볼 수 없습니다. 음식물, 비닐, 술, 담배 등의 쓰레기와 시끄러운 소음만을 남깁니다. 축제를 찾은 인간에게 자연은 소모품에 지나지 않는 물건으로서만 존재할 뿐입니다.

　숲과 자연을 가까이하고 사랑이 충만한 아이들이 자라서 꽃 축제를 연다면 왠지 나무들의 즐거운 노래 소리가 들릴 것만 같습니다. 올해도 인간으로 인해 숲은 봄 축제의 몸살을 앓겠지만 숲을 가까이한 우리 아이들이 많아져서 자연과 공존하며 상생하는 행복한 숲을 만들어가는 행복한 상상을 해봅니다.

치유받고 소통하는 아이

　　요즘 숲과 관련된 단체에서 숲 치유, 산림 치유, 치유의 숲 등 '치유'라는 단어를 심심치 않게 들을 수 있습니다. 국가기관인 산림청을 포함해 많은 단체들이 숲과 치유의 관계를 인정하고 여러 가지 프로그램들을 개발하고 보급하고 있습니다. 치유의 대상은 '건강'을 의미하고 건강은 '몸'과 '마음'으로 구분하여 이야기할 수 있습니다. 보통 숲은 몸의 건강을 이야기하는 경우가 많고 상식적으로 많이 알고 있는 사실입니다. 숲은 육체적 건강에도 도움이 되지만 정신적 건강에 많은 도움을 줍니다.

　　숲을 통해 아이는 관점이 변화하게 됩니다. 아이가 숲을 만나서 느낄 때 바라보는 시선의 변화는 '부모 → 자연 → 자신'의 순서로 바뀝니다. 마지막 단계인 자신의 관점은 숲이 의인화되어 숲의 구성 요소인 나무, 풀, 바위, 동물 등이 친구, 선생님, 가족 등이 될 수 있습니다. 아이와 자연이 교감하는 단계가 되면 정신적 치유가 가능해집니다.

    '치유'는 '소통'으로 이뤄집니다. 보통 사람들은 수많은 사람을 만나며 생활하는 사회적 동물입니다. 그 와중에 좋은 일, 기쁜 일, 슬픈 일, 나쁜 일 등 다양한 경험을 하게 되죠. 여러 가지 상황에 잘 적응하면 문제가 없겠지만 잘 적응하지 못할 때 문제가 되고 병이 됩니다. 현대인은 이런 스트레스성 병을 가진 사람들이 참 많습니다. 학교에선 왕따로 직장에선 부적응자로 사회에서는 낙오자로 불리며 사회 곳곳에서 신음하고 있습니다. 그 스트레스가 심해지면 자살이라는 극단적인 선택을 하기도 합니다. 이미 알고 계시듯이 대한민국은 OECD회원국 중 자살률 1등의 불명예를 가지고 있습니다. 2014년 통계청 발표 내용을 보면 연간 총13,836명이 죽었으며 그중 20~30대가 가장 많았다고 합니다. 단순하게 계산해도 하루에 37명씩 세상과 소통하지 못해 삶을 포기하고 있습니다. 자주 거론되지 않아 주변의 일 같지 않지만 언제든 내 남편, 내 아내, 내 아이의 일이 될 수 있습니다. 자살은 세상에 혼자 남았다고 느낄 때 이뤄지는 극단적 선택이라고 합니다. 어느 누구도 알아주지 않고 어느 누구와도 대화할 수 없는 고립감이 자살로 연결됩니다.

    시골에서 나고 자란 어르신들은 도시 생활이 힘들고 외로울 때 고향을 그리워하며 돌아가고 싶어 합니다. 고향을 생각하는 것만으로도 힘겨운 삶을 이겨내기도 합니다. 다시 돌아갈 곳이 있다는 것은 힘을 줍니다. 기댈 수 있는 곳이 있다는 생각만으로도 희망을 만

들어낼 수 있는 것입니다. 지금 부모님들은 돌아갈 고향이 지금 사는 곳과 별반 다르지 않습니다. 그때도 아파트였고 지금도 아파트인 것입니다. 힘들고 지칠 때 기대며 살아갈 곳이 마땅치 않습니다. 『망고나무 그늘 아래서』의 저자 파울로 프레이리는 애국심, 가족애에 대해 과거의 기억이 중요하다고 했습니다. 애국심은 조국에 대한 지리적 공간인 영토와 시대적 공간인 역사, 문화가 합쳐져 만들어진 기억입니다. 가족애도 가족과 함께한 장소와 시간에 의해 만들어지는 기억인 것입니다. 애국심도 가족애도 점점 줄어들고 있는 것은 지리적,

시대적 공간이 자리 잡지 못하는 것입니다. 도시의 삶은 언제나 비슷해 기억이 되지 않습니다. 좋은 기억이 많은 곳을 다시 찾고 싶지만 지금 우리의 삶은 희망이 없어 보입니다. 마음을 쉬게 해줄 고향이 없는 것입니다.

만약 우리 아이들에게 고향 같은 산이 있고 자연과 소통할 수 있다면 힘들고 지칠 때 나의 큰 바위나 나의 라임 오렌지 나무를 찾아 어려움을 이야기하고 새로운 희망을 찾아 다시 세상으로 나올 수 있을 것입니다.

자연과의 교감은 누구나 할 수 있고 특별한 능력이 있는 사람만 되는 것이 아니라 인간이라면 아이뿐만 아니라 성인도 가능합니다. 외국에서는 성인을 대상으로 '비전퀘스트' 등 자연 교감 프로그램을 운영하고 있습니다. 대한민국 반만년 역사 속에서 '숲'은 곧 '삶'입니다. 우리나라 전 국토의 약70%가 산으로 이뤄져 있고 우리는 자연과는 멀어질 수 없는 민족입니다. 휴가철만 되면 등산, 캠핑 등의 휴양객들을 보면 알 수 있지 않을까요. 조금만 마음을 열고 자연을 받아들이면 좀 더 넓은 세상을 보고 소통할 수 있지 않을까 하는 기대를 가져봅니다.

미세먼지와 황사가 연일 기승입니다. 계절을 가리지 않습니다. 바람을 타면 더 심합니다. 과거의 쾌적함과 편안함은 멀어져갑니다. 자연은 이미 사람에게서 멀어져가고 있는지 모릅니다. 하지만 다시 우리가 자연을 향해 한 걸음씩 다가선다면 자연은 더 넓은 마음으로 받아주리라 믿으며 아이들과 주기적으로 숲에 가셨으면 합니다. 아이들이 성장해서 자연을 올바르게 바라보고 자연과 인간이 함께 어우러져 서로 존중하는 세상을 만들 수 있기를 기원합니다.

**숲 교육의 좋은 점**

| 유아 | 아동 청소년 |
|---|---|
| 사회성 발달 | 면역력 향상 |
| 학습 능력 향상 | 환경 감수성 증진 |
| 환경 감수성 증진 | 심리 안정 |
| 자아 개념 형성 | 사회성 발달 |

출처: 산림청

5장

부모 숲교육

숲이 아이에게 왜 좋은지는 충분히 설명되었을 것이라고 생각합니다. 이제부터는 부모님이 숲 활동의 방법을 배우고 함께할 내용을 소개하고자 합니다. 구체적 방법을 소개하기 전에 다시 한 번 말씀드리지만 방법보다는 가치관이 중요하다는 것을 강조하고 싶습니다. 지금도 수많은 교육적 방법론이 존재합니다. 인성교육, 코딩교육, 학교교육, 미술교육, 음악교육 등 이름도 다양합니다. 모든 방법론은 아이와 부모의 관계가 좋다는 것을 바탕으로 할 때 효과가 있는 것입니다. 아이와 부모의 관계는 부모의 가치관이 확립되어야 건강할 수 있습니다. 부부간에 서로 다른 교육적 가치관은 아이에게 혼선을 줄 수 있습니다. 충분히 대화하셔서 통일된 교육관으로 아이를 대해주시면 더 없이 좋을 것입니다. 부모의 가치관을 확립하고 그에 맞는 교육 방법을 선택해 꾸준히 하신다면 부모와 아이 모두 훌륭하게 성장할 수 있을 것입니다. 숲 교육도 다양한 방법론 중 하나로 생각하시고 부모의 가치관에 따라 선택해 실천해주시면 좋겠습니다.

# 1 숲 교육 프로그램

　　숲 교육 프로그램은 숲의 필요성과 역할, 산림생태계의 소중함을 이해할 수 있도록 다양한 교육 및 체험활동 기회를 제공하기 위하여 계획되고 운영되는 것을 말합니다. 산림청에서는 2014년부터 산림교육프로그램 인증 제도를 통해 프로그램을 인증하여 운영하고 있으며 현재까지(2018년 10월 기준) 총 130개 프로그램이 등록되어 있습니다. 프로그램의 명칭을 보면 3GO(보고, 듣고, 만지고), 숲 밧줄 탐험대, 소나무들의 올림픽, 아슬아슬 줄 위의 거미, 황금까마귀 숲 누가 만들었는가?, 엄마 새의 사랑 등이 있습니다. 산림청이 제안하는 산림교육프로그램의 교육내용은 산림과 인간의 관계, 산림생태계, 산림상태에 대한 조사 및 분석, 산림에 대한 개인의 책임감, 산림 관련 문제 및 해결방안 등으로 구성하여 유아와 아동을 대상으로 하는 프로그램들이 많습니다.

　　대부분 학교교육은 계획되고 목표가 세분화된 고정적인 교육을 지향하고 있습니다. 학교교육은 크게 초·중·고·대학·대학원 등으로 구성되어 있고 각 학년과 과목마다 연간 단위 계획이 정해져 있으며 과목에 따라 해당 학기에 배워야 할 목차들이 시간표와 교과서 등으로 정리되어 있습니다. 모든 과정을 마치면 자격으로 졸업증이 주어집니다. 과정의 목표 달성 여부는 보통 시험을 통해 확인됩니다. 시험은 암기와 이해를 바탕으로 반복적인 학습으로 좋은 성적을 받는 기계적인 학습입니다.

기계적이고 고정적인 교육방식을 그대로 숲 교육에 적용하면 학교에 있는 교실을 숲에 옮겨놓은 것과 다를 바 없습니다. 장소만 바뀔 뿐 다른 것이 없게 되는 것입니다. 아이들의 창의적인 활동은 생기를 잃을 것이고 다양한 표현도 할 수 없게 되는 것입니다.

자녀교육의 고전으로 1818년에 출간되어 프레뵐과 몬테소리 등의 교육학자들에게 약 200년 동안 영향을 끼친 칼 비테의 교육법에서는 미숙아를 천재로 키운 아버지의 교육법을 방대한 양으로 서술하고 있습니다. 칼 비테의 아들은 당시 6개 국어를 통달하였고 9살에 대학 입학, 14살에 세계 최연소 박사학위를 받는 등 영재 중에 영재였습니다. 칼 비테가 자녀를 천재로 키우기 위한 내용으로 12가지 계명이 있어 소개드립니다.


-내 아이를 행복한 천재로 키우기 위한 칼 비테 12계명-
1. 재능이 없다고 실망하지 마라. 부모라면 인내하라.

2. 매일 산책하라. 아이의 흥미를 이끄는 직접 경험이 좋다.

3. 공부를 강요하지 마라. 배움은 즐거워야 한다.

4. 몰입할 수 있는 환경을 만들어라. 스스로 할 것이다.

5. 시간을 효율적으로 활용하라. 휴식도 공부다. 잘 노는 아이가 공부도 잘한다.

6. 많이 아는 것으로 끝나지 않아야 한다. 제대로 알고 있다면 실천한다.

7. 아이의 자존감과 자신감을 북돋아주면 성취감과 자긍심이 따라온다.

8. 성공과 성과에 집착하지 마라. 부모의 대리만족을 위한 교육이어서는 안 된다.

9. 인격적으로 대하라. 결국 중요한 것은 자립심이다.

10. 다양한 경험과 감성, 풍부한 상상력을 지닌 아이가 진정한 행복을 누릴 수 있다.

11. 부족한 부모라고 미안해하지 마라. 칭찬만으로도 아이는 훌륭하게 자란다.

12. 부모가 물려줄 수 있는 최고의 유산은 제대로 교육하는 것이다.

이 중 숲 교육에 적용할 만한 내용이 많이 눈에 띈다는 것을 알 수 있습니다. 매일 산책할 것을 권하고 있으며 공부를 강요하면 안 되고, 휴식도 공부이며, 잘 노는 아이가 공부도 잘한다는 것 등입니다.

숲 교육이 학교 교육과 같이 한 명의 선생님이 다수의 아이들을 데리고 다니며 설명을 위주로 한다면 학교에서 칠판을 보고 가르치는 것과 다를 바가 없습니다. 숲 교육의 표준화를 위해 프로그램 인증제를 도입하는 것은 맞습니다. 그러나 인증제를 유지하기 위해서 다른 활동을 하고 싶은 아이들의 의사를 인정하지 않고 무조건적으로 사전에 계획한 내용으로 진행한다면 아이들에게 스스로 하게 하고 흥미를 끌고 성취감과 자긍심을 줄 수 있을지 의문이 듭니다. 숲 교육 프로그램들은 아이들을 위한 교육이 맞습니다. 진정 아이들을 존중한다면 교육 프로그램의 수를 늘리기보다는 안정적이고 지속적으로 숲 체험을 할 수 있는 환경 마련이 필요합니다. 또 하나 아이들을 이해하며 공감할 수 있는 유능한 선생님을 양성하는 것도 중요할 것입니다. 세상에서 자식을 이해하고 공감하려 가장 많은 노력을 할 수 있는 사람이 부모입니다. 부모는 자식에게 세상에서 가장 유능한 선생님이 될 수 있습니다.

유능한 선생님은 사전에 고정된 프로그램을 아이들에게 주입하는 것이 아니라 당일 아이들의 안전을 위해 사전에 주변을 확인하고 정리합니다. 자연 환경에서 변화된 것들을 스스로 유심히 관찰하며 아이들의 호기심을 자극합니다. 선생님이 직접 자연을 보고 감탄하는 모습을 아이들에게 보여주어야 합니다. 아이들은 선생님의 모습

에 스스로 자극을 받아 호기심을 가지고 적극적으로 관찰하며 생각
합니다. 자기 주도적 활동을 돕는 것이 진정한 교육이고 프로그램의
핵심입니다.

숲 교육은 자유로워야 합니다. 숲 교육 프로그램도 자유로워야
합니다. 선생님이 아닌 아이들에 의해 자유로운 숲 체험이 되도록 선
생님이 선생님의 자리를 내어주고 자유로운 환경을 만들어주는 것
이 최고의 숲 교육 프로그램입니다.

# 2 자기주도적 숲 교육

사람들은 연애를 하다 보면 시작단계에서 상대방의 마음을 모르기 때문에 고민을 하게 됩니다. 고민 끝에 주변의 친구에게 조언을 듣거나 책, 잡지 등의 도움을 받아 무엇인가를 하게 되는 경우가 많습니다. 요즘엔 인터넷도 조언을 많이 하겠네요. 꽃을 준비해준다거나 술을 먹고 고백하라거나 함께 등산을 하라고 한다거나 다양한 이야기를 하게 됩니다. 그렇게 준비한 것들을 실천하기도 하고 하지 못하기도 하며 연애가 좋다가 나빴다가를 반복하죠. 다들 알고 있습니다. 사랑은 진심이면 된다는 것을 말입니다. 방법보다 중요한 것은 마음이라는 것을 말이죠. 마음을 알 수 없기 때문에 속기도 하고 못 보기도 하는 것입니다.

숲에 갈 때 역시 필요한 것은 방법이 아니라 마음가짐입니다. 준비된 프로그램보다 아이의 눈으로 바라볼 마음의 자세와 자연을 편견 없이 경험하고자 하는 마음가짐이 중요합니다. 앞서 이야기한 연애의 경험뿐만 아니라 수많은 역사를 통해서도 알 수 있듯이 기술에 집착하다 더 중요한 마음을 볼 수 없어 뛰어난 기술이 의미 없어지거나 오히려 해가 되는 경우가 많습니다. 무엇보다 중요한 것은 기술이 아닌 진실한 마음입니다. 숲을 경험하려는 부모의 마음가짐을 확인하는 질문을 하나 준비했습니다.

"부모님들은 체험에 다녀온 아이에게 어떤 말을 듣고 싶으신가요?"

프로그램은 체험이라고 부르기도 합니다. 요즘 아이들은 과거에 비해 일반적으로 체험의 경험이 많습니다. 학교 과정, 방과 후 수업에서는 물론이고 조금 부지런한 부모님들은 아이들에게 박물관, 미술관, 로봇, 만화, 생태, 미술 등 추가적인 체험을 주기적, 일시적으로 시켜주기도 하지요. 모든 체험에는 '비용'과 '시간'이 투자됩니다. 아이뿐만 아니라 부모의 노력이 모두 들어가죠. 그러다 보니 요즘 말로 '가성비', 가격 대비 성능을 생각하게 됩니다.

가성비로 귀결되는 체험에 대한 평가는 체험 전과 후로 검토하게 되는데 지인, 소문, 인터넷 등에 의한 사전조사와 아이의 이야기, 부모님이 바라본 것 등의 사후평가로 이뤄집니다. 사전조사로 선택된 체험은 부모님이 생각하는 목적을 이룰 수 있어야 하는데 국·영·수 같은 학원이 아니라면 대부분 직접적으로 눈에 보이지 않는 효과들을 이야기하는 체험들이 많습니다. 예를 들면 창의력, 적응력, 사회성 등의 역량 같은 것이지요. 이러한 효과들은 단기적 체험으로 키워지지도 않을 뿐더러 측정하기도 어렵습니다. 그러다 보니 눈에 보이는 준비물과 결과물 위주의 체험에 많이 참여하게 됩니다. 결과물이 체험을 통해 얻은 성과이고 가성비를 증명하게 되는 것이죠. 결과물이 없을 경우에는 가성비 판단을 위해 아이들이 해주는 말에 의존하게 됩니다. 체험 시작부터 끝까지 활동한 내용, 재미있었던 일들, 교육적이었던 내용, 위험했던 순간 등 듣고 싶은 유형도 많습니다. 아이가 집에 오자마자 앉혀놓고 듣고 싶은 이야기를 꼬치꼬치 캐묻다 아이의 짜증 섞인 반응에 민망해하기도 하고 아이가 대답은 하는데 이해가 되지 않아 답답해하시는 경우가 많습니다.

평가 시 가장 중요한 것은 아이가 가져온 결과물, 아이의 설명이 아니라 아이의 느낌입니다. 안타깝게도 아이들의 표현력에는 한계가 있으며 부모들이 원하는 기준보다 못한 경우가 많습니다. 특히 딸들보다 아들들이 더 부족하죠. 아이가 원하는 표현도 생각이 안 나고 표현방법도 잘 모르고 기억의 한계도 있는데 부모가 원하는 대답을 해내기란 참으로 어렵습니다. 어떤 아이들은 부모가 원하는 대답을 못하면 다음에 다시 올 기회가 사라질 수 있다는 생각을 하기도 합니다. "사진 찍어 엄마한테 보내주세요." "지금 뭐 했는지 말해주세요" "아까 뭐 했었죠? 엄마한테 이야기해줘야 하는데……."라며 현재를 온전히 즐기지 못하고 마음의 반은 미래를 걱정하는 데 가 있는 안타까운 아이들도 있습니다.

　　내용을 평가하기 위한 질문들보다 아이의 감정을 읽어주는 질문을 해주세요. "체험 뭐 했니?"보다 "체험 어땠어?"라고 물어보시면 좋겠습니다. 대답을 기다려주세요. 아이들은 생각할 시간이 많이 필요합니다. 내용이 짧더라도 이해해주세요. 다 표현할 수 있는 능력이 아직 부족합니다. 어떤 아이들은 자세히 길게 말하고 어떤 아이들은 단순히 짧게 말하는 것이 정상입니다. 모두가 똑같은 아이는 없으니까요. 아이마다의 다양성을 인정해주세요. 앞서 말씀드린 가성비는 체험을 판단하는 투자적인 성격의 용어입니다. 아이들은 '투자해서 만드는 것'보다 '지켜보며 기르는 것'이 진정한 교육이고 체험의 목적입니다. 프로그램은 만드는 것이 아닌 기르는 것이어야 합니다.

아이들은 "재미있는 곳"이면 된다고 생각합니다. 어릴수록 더욱 그렇지요. 초등학교 저학년은 놀이가 중요합니다. 숲도 그렇습니다. 숲에 있었던 자연과의 수많은 상호작용을 말로 표현하지 못한다 해도 재미있었고 다시 가고 싶다면 그것으로 된 것입니다. 나머지는 자연이 알아서 몸 속 깊이 느끼게 해줄 것이니까요. 프로그램을 걱정하지 마세요.

자, 다시 한 번 부모님들께 묻겠습니다.

"숲에 다녀온 아이들에게서 어떤 말을 듣고 싶으세요?"

# 3 숲 '누구랑' 가면 좋을까요?

아이와 숲에 가려면 누구와 언제, 어디로, 무엇을 등 생각해봐야 할 것들이 많이 있습니다. 그 중 가장 중요한 것은 "누구와 함께 가면 좋은가?"입니다. 아이가 누구와 함께 숲에 가면 좋을지 알고 싶다면 "여행을 누구와 함께 가면 좋을까?"로 질문을 바꾸어보면 됩니다. 여러분이 여행을 떠난다고 상상하며 누구와 함께 갈지 생각해보세요. 남편이나 아내, 친구, 혼자, 시부모, 아이들 다양한 사람들이 떠오르실 겁니다. 물론 개인마다 다르겠지요. 어떤 분은 부부관계가 너무 좋아 부부가 함께하길 원하실 것이고 어떤 분은 둘도 없는 친구랑 같이 가고 싶을 수도 있습니다. 눈에 넣어도 안 아플 것 같은 아이들도 있고 간혹 시부모님이나 부모님도 있을 수 있지요. 때론 육아와 가족관계 등이 너무 힘들어 혼자 훌쩍 떠나서 혼자만의 시간을 가지고 싶은 분들도 있을 겁니다. 아이들도 숲으로 여행을 떠납니다.

"아빠 이거 하자", "엄마 이거 어때?", "형~ 이거 지금 나랑 하면 안 되지?", "누나는 나랑 안 놀려고 그래", "할아버지~ 가게에 같이 가요.", "할머니, 이거 해주면 안돼요?" 등 아이들의 요구를 가만히 들어보면 공통점이 있습니다. 무엇인가를 하고 싶을 때 함께할 사람을 찾는다는 것입니다. 자신이 하고 싶은 것을 들어줄 수 있는 사람은 거절이 아닌 수용하는 사람일 경우가 큽니다. 이럴 때 거절당하는 경험이 많을수록 아이는 말을 하지 못하게 되는 것이죠. 아동 상담에 감정 통장이라는 개념이 있습니다. 사람마다 감정의 통장이 있고 그 통장의 잔고만큼 사람들과 관계한다는 것입니다. 아이의 통장에 부모에 대한 감정의 잔고가 적다면 점점 함께할 수 없어지는 것입니다. 감정의 저축 양이 많은 사람일수록 수용적이고 관계가 좋을 수밖에 없습니다. 저축 양이 많은 사람은 함께하고 싶은 사람인 것이죠. 여행도 놀이도 그렇습니다. 함께하고 싶은 사람과 같이 하는 것이 좋은 것입니다. 아이의 연령대와 성향에 따라 차이가 있을 수 있지만 일반적으로 3가지가 있습니다. 우리 아이들의 감정 통장에는 누가 저축을 많이 할지 살펴보겠습니다.

가장 좋은 사람은 역시 '부모와 함께'입니다. 아이들은 태어나서 아빠, 엄마를 가장 먼저 보았고 가장 많이 함께했고 가장 많이 사랑받았습니다. 아이들이 가장 많이 따라하고 싶은 사람이 바로 부모입니다. 그래서 아이들은 부모와 함께하고 싶습니다. 부모와 함께 놀고, 부모와 함께 다니고, 부모와 함께 이야기 나누고 싶습니다. 부모님들은 바쁜 삶을 살아가느라 아이와 시간을 함께할 수 없는 경우가 많습니다. 이미 많은 아이들이 어린이집, 유치원, 학교, 학원 등에서 하루 중 대부분의 시간을 보내고 남은 짧은 시간조차 부모와 함께하기 어려운 것 같습니다. 함께하지 못하는 시간이 늘어감에 따라 아이의 부모 통장에는 저축이 되지 않아 아이들은 부모와 멀어집니다. 어느 순간 함께하고 싶은 대상에서 제외되는 경우까지 생기게 됩니다. 감정 통장이 가난하다고 포기할 수는 없습니다. 아이는 부모님이 생각하는 것보다 훨씬 더 수용적이고 마음이 넓습니다. 지금부터라도 아이의 감정 통장에 저축해야 합니다. 아이는 어릴수록 부모와 함께하고 싶어 합니다. 아버님, 어머님 바쁘시겠지만 이번 주말부터라도 아이와 조금 더 함께하는 시간을 만들어보세요. 숲이 아이와의 관계를 좀 더 편안하게 만들어줄 환경이 되어줄 것입니다.

두 번째로 좋은 것은 '형, 동생과 함께' 가는 것입니다. "아이를 잘 키우려면 하나의 마을이 필요하다."고 했습니다. 그 이유는 아이를 중심으로 많은 다양한 사람들의 보살핌이 있어야 균형 잡힌 아이로 성장할 수 있기 때문입니다. 자유학교 등 대안교육에서는 2~3살 차이가 나는 아이들이 함께 공부하는 것을 지향하고 있습니다. 서로 밀어주고 당겨주고 따라하고 모범이 되는 등 스스로 다양한 역할을 하면서 성장에 도움이 되기 때문이지요. 과거 골목에서 동네 모든 아이들이 놀았던 방식을 교육에 도입하는 것입니다. 혼자서 문제를 해결하는 것이 아니라 함께 문제를 해결할 때 더 효과적이며 효율적으로 해결할 수 있다는 것은 쉽게 생각할 수 있습니다. 혼자 일하지 않고 기업을 이뤄 함께 일하는 현 사회체계를 보더라도 알 수 있는 것입니다. 언제부터인가 경쟁체제가 심해지면서 공부도 경쟁을 하는 사회가 되었습니다. 서로 밀어주고 끌어주던 모습은 없어지고 밀치고 끌어내리는 모습만을 보고 살아가는 아이들은 진정한 삶을 살 수 없습니다. 놀이도 그렇습니다. 혼자 노는 것보다 여럿이 노는 것이 훨씬 재미있습니다. 남녀, 형, 동생, 누나, 언니. 오빠 등이 다양하게 섞여서 놀 때 더 다양한 재미를 느낄 수 있는 것입니다. 자연에 대한 경험이 있는 형이나 자신을 따르는 동생 등이 있다면 그들과 함께하는 아이는 형의 모습을 보고 좀 쉽게 자연을 느끼고 동생을 통해 더 적극적으로 체험을 할 수 있을 것입니다.

　마지막으로 '친구와 함께' 가는 것입니다. 그냥 동갑이 아니라 마음이 맞는 친구라면 더 좋겠지요. 요즘 아이들은 학년이 높아지면서 형, 동생보다 혼자 놀거나 친구와 노는 것이 대부분입니다. 그래서 놀이의 방법이 비슷하며 학교 등 학급 친구 중에서도 유사한 친구들과 노는 것을 좋아하게 됩니다. 또래문화를 형성하며 공감하는 것도 비슷해지고 하는 행동도 유사해지는 경향을 띕니다. 왕따 등의 또래 문화 탈락에 대한 두려움으로 또래가 하는 것은 무분별하게 따라하게 되는 경우도 심심치 않게 보게 됩니다. 다양성이 존재하지 않는 문화는 스스로 폐쇄적이고 자신의 개성을 인정하지 않게 됩니다. 반대로 아이들이 다양성을 추구하고 상대를 인정하는 문화를 만들어 준다면 또래 활동이 더욱 즐거운 시간이 될 것입니다. 함께하면 즐거운 친구와 같이 숲에 간다면 아이들이 좋아하지 않을 수가 없을 것입니다. 친구 덕분에 숲에 대한 좋은 이미지와 경험을 얻어 더 자주 갈 수 있습니다. 자주 가게 되면 신체적, 교육적 성과도 얻을 수 있을 것입니다. 자연에 대한 감성으로 사고의 범위도 확장되며 다양성을 인정하게 될 것입니다.

책 『거꾸로 교실 프로젝트』에서는 21세기 인재의 핵심 스킬로 비판적 사고, 소통, 창의력, 협동 4가지를 꼽았습니다. 그중 협동을 가장 중요한 요소로 꼽고 있는데 지금의 교육 현실은 누구와도 협동

하지 않는 경쟁 교육을 받고 있습니다. 인재를 만든다며 하는 교육이 인재를 만들지 못하고 있는 것입니다. 아이들은 놀이를 통해 협동을 배울 수 있습니다. 아이들이 놀이를 할 수 있는 기회는 어린 시절이 최적의 시기입니다. 협동을 교과서와 동영상, 강의로 가르칠 수 없습니다. 부모, 형, 동생, 친구와 놀이를 할 때 쉽고 재미있게 알 수 있는 것입니다.

　이렇게 부모, 형, 동생, 친구의 공통점은 '같이 있고 싶은 사람', '함께하고 싶은 사람'이라는 것입니다. 아이가 함께하고 싶은 사람이라면 선생님이든, 할아버지든 관계가 없을 것입니다. 반대로 누구와 어디를 가든 그 사람과의 '관계'가 좋지 않다면 좋은 경험을 하기가 쉽지 않습니다. 가장 우선적이고 중요한 것은 아이와의 관계이고 그 관계를 좋게 하기 위해 아이가 바라보는 숲에 대한 관점을 이해하고 함께할 수 있어야 합니다. 아이의 관심은 성장에 따라 달라집니다. 어릴 때는 부모가, 좀 더 크면 형, 동생이, 좀 더 성장하면 친구가 관심의 대상이 됩니다. 시기를 놓치기 전에 아직 아이가 어리다면 부모님이 좀 더 아이와의 관계에 집중해주시면 좋을 것 같습니다.

숲 '어디로' 가면 좋을까요?

강의 중에 부모님들께 "시간과 돈이 충분하고 여행을 간다면 '여러 곳'을 가시겠어요? '한 곳'을 가시겠어요?" 하고 물어봅니다. 한 곳을 가겠다는 분보다 여러 곳을 가겠다고 대답하시는 분이 많습니다. 연이어 하나 더 물어보죠. "그럼 '먼 곳'과 '가까운 곳' 중 어디로 가시겠어요?" 그럼 역시 먼 곳을 선택하는 경우가 많습니다. 왜 그럴까 생각해보면 어른들은 이미 많은 정보를 가지고 있고 시간의 제약을 받다 보니 다양한 경험에 대한 욕구가 있고 좀 더 멀리 좀 더 다양한 것을 보려고 하는 것 같습니다. 또 다른 이유로는 지금의 현실에서 벗어나고 싶은데 벗어났다고 생각하는 기준이 떠나는 것이다 보니 멀리 여행을 생각하시는 것 같습니다.

대다수의 부모님들이 다양한 경험을 하고 싶고 멀리 떠나고 싶다는 생각을 하다 보니 아이들에게도 동일한 시각으로 접근하는 경우가 있습니다. 아이를 사랑하는 마음에 좀 더 많은 것을 보여주고 싶어 좀 더 멀리 가려고 하는 것입니다. 부모는 4살 아이를 데리고 집 앞 공원보다 차를 타고 멀리 있는 동물원에 데려가고 싶어 합니다. 먼 동물원에 가기 위해 주말 아침 일찍부터 준비를 합니다. 아이는 주말 전날 부모님과 함께하다 늦게 잠들어 아직 피곤합니다. 부모도 준비하는 데 힘들죠. 차를 타고 몇 시간을 이동합니다. 아이가 피곤하면 잠을 잘텐데 일어났으니 부모에게 떼를 쓰기도 하고 이것 저것 요구하기도 하며 놀아달라고 합니다. 조용히 시키기 위해 핸드폰이나 태블릿을 쥐어주기도 합니다.

어렵사리 동물원에 도착했습니다. 주말이라 주차장에 사람이 많아 정신이 없습니다. 이용권을 끊고 동물원에 드디어 입장합니다. 입장해서 10분도 안 걸었는데 코끼리가 아이의 눈길을 끕니다. 10분, 20분 아이는 코끼리를 보느라 한눈도 팔지 않습니다. 부모님들은 생각합니다. '여기까지 오는 시간과 노력이 얼마인데, 코끼리만 보고 가면 안 되지!' 부모님들은 아이에게 이야기합니다. "○○야, 여기 말고 저기 가보자. 저기 사자 있어 사자!", "야, 여기서 지금 몇 분 동안 있는 줄 알아. 다른데 좀 가자.", "배고프지? 뭐 먹으러 가자." 등 회유와 강요를 합니다. 아이는 코끼리를 더 보고 싶은데 부모는 자신의 손을 잡고 여기저기 데리고 다닙니다. 코끼리처럼 그나마 보기 힘든 동물들에 관심을 가지는 친구도 있지만 길가에 있는 풀, 꽃, 개미 등에 관심을 보이는 아이들도 있습니다. 부모들은 진짜 답답하겠죠?

아이와 부모 모두 정신없이 많은 것을 보고 다시 차를 타고 몇 시간에 걸쳐 집에 오면 아이는 피곤해 잠이 듭니다. 부모님들도 다시 일주일을 시작하기 위해 집안 정리도 하고 뒷마무리도 하고 자신들도 챙기느라 바쁜 시간을 보냅니다. 그 와중에 아이가 오늘 본 악어나 코끼리, 사자 같은 집 근처에서 보기 드문 동물에 대해 이야기하면 부모로서 좋은 경험을 시켜줬다는 뿌듯함으로 한 주를 보낼 수 있습니다. 부모님들이 하루 시간과 에너지를 다 쏟은 하루의 피곤함에도 불구하고 주말에 멀리 여러 곳을 가려고 하는 이유는 아이에 대한 미안함도 있는 것입니다. 미안함의 부채를 조금이라도 덜었다면 잠자리에 들며 오늘 하루 잘 보냈다고 생각하는 것이지요.

아이와 동물원에 다녀와서 부모는 뿌듯하고 아이는 즐겁지만 교육적이지는 않습니다. 주말에 동물원을 가는 모든 과정에 아이가 스스로 원하는 것은 그리 많지 않습니다. 아이는 여러 가지 보았지만 막상 기억에 남는 것도 많지 않습니다. 아이가 관심 있고 원하는 것을 깊이 있게 관찰하지 못했기 때문입니다. 부모가 원하는 것들만 스쳐가며 보았을 뿐이죠. 아이에게는 돈도 시간도 에너지도 모두가 충분합니다. 아이는 돈도 시간도 에너지도 생각하지 않습니다. 충분할 필요도 없고 부족해도 문제되지 않습니다. 아이는 눈앞에 보이는 지금이 중요하고 손끝의 느낌이 중요합니다. 지금 이 순간을 충실히 살아가는 겁니다. 아이는 어릴수록 깊이 있는 관찰이 필요합니다. 깊이 있는 관찰을 하고 싶어 합니다. 스스로 느껴야 깊이 관찰하고 이해할 수 있습니다. 숲에서도 마찬가지입니다. 삶도 마찬가지일 것입니다.

유아는 같은 곳에 자주 가는 것이 좋습니다. 유아는 시선의 폭이 좁고 관찰의 깊이가 있습니다. 바로 옆에 있는 것을 보지 못하는 경우도 많지만 무엇인가에 관심을 가지면 어른들도 지칠 만큼 한자리에 오래 앉아 관찰하는 경우가 많습니다. 오래 관찰을 하는 경우 여러 가지 환경적 요인으로 보통의 부모들은 아이를 그냥 두고 보지 못하지요. 동물원에서처럼 끌고 다니고 싶습니다. 숲에 가면 코스를 정해 매번 같은 길을 가보세요. 아이의 시선에서 숲이 변화하는 모습을 충분히 관찰하고 깊이 느낄 수 있는 것이 중요합니다.

아동기 이상의 초등생의 경우 '2~3 곳'으로 확장됩니다. 유아기를 벗어난 아이들은 시야도 좀 더 넓어지고 모험심과 탐험심이 많고 몸을 쓰고 싶어 합니다. 그래서 좀 더 많은 활동을 요구합니다. 유아기처럼 같은 코스를 가는 경우도 있지만 더 다양한 활동을 위해 환경적 요인이 다른 2~3곳을 가보고 아이가 선택해서 활동하면 좋습니다. 장소마다 놀이 방식이 바뀌는 것을 볼 수 있을 것입니다. 코스를 정했다고 꼭 정해진 코스를 가야 하는 것은 아닙니다. 숲은 살아있기 때문에 상황에 따라 아이의 흐름에 따라 길을 벗어나보는 경험도 괜찮습니다.

가급적이면 먼 숲보다 인근 숲을 이용하여 스스로 갈 수 있는 기회를 열어주어야 합니다. 아동기 아이들은 몸을 주로 쓰지만 유아기의 관찰력이 아주 없어진 것은 아닙니다. 자주 갈수록 숲의 변화를 느낄 수 있고 놀이 방식도 다양하게 변화합니다. 그렇기 때문에 집 근처 쉽게 갈 수 있는 곳이어야 합니다. 집이 근처라면 눈에 보이게 되고 눈에 보이면 가고 싶은 느낌이 듭니다. 느낌이 들면 가고 싶다 이야기할 수 있는 행동이 나올 수 있습니다. 눈에 보이지 않으면 생각이 나지 않습니다. 느낌도 없습니다. 생각도 느낌도 없으면 찾지 않습니다. 찾지 않으면 자주 갈 수 없습니다. 결국 숲을 통한 교육은 어렵게 됩니다.

'숲'이라면 무언가 거창한 것 같지만 그냥 '나무가 우거진 곳'을 말합니다. 즉 공원이든 산이든 강가든 바닷가든 나무가 많이 있는 곳이면 되는 것입니다. 그중에서 나무가 자연적으로 잘사는 곳이 산이다 보니 인근 산에 갈 것을 추천합니다. 꼭 정상을 가야 하는 것도

아니고 높이 올라가야 하는 것도 아닙니다. 아이가 갈 수 있고 가고 싶은 곳까지만 가면 됩니다. 산 초입이면 어떻습니까? 동네 버려진 공터면 어떻습니까? 인근 공원이면 어떻고요? 아이가 자연을 느끼고 볼 수 있으면 되는 것입니다.

부모의 생각으로 더 멀리 더 많이 보여주고 싶은 마음을 조금만 접고 아이의 생각으로 가까운 곳에서 더 많은 시간을 더 깊이 볼 수 있게 해준다면 아이가 더 좋아할 뿐만 아니라 부모님들도 더 편해질 것입니다. 부모님이 편해진 만큼 남는 에너지를 아이와 함께 보낸다면 관계도 더욱 좋아질 것입니다. 자연은 어디에나 있습니다. 아이와 함께할 가까운 자연을 찾아보시길 권합니다.

# 5 숲 '어떻게' 즐기면 좋을까요?

## 숲은 '능동적인 환경'을 제공하는 곳

아이와 어딘가를 가야겠다 마음먹고 나면 부모는 가장 부담되는 것이 거리일지 모릅니다. 좀 더 많이 좀 더 좋은 것을 보여주고 싶은 부모의 마음은 같으니까요. 부모의 마음과 달리 상대적으로 세상을 조금밖에 겪어보지 못한 아이들은 가까운 곳에서도 많은 것을 보고 듣고 만지고 싶어 합니다. 가까운 곳도 좋으니 부담도 없고 자주 갈 수 있는 곳이면 되는 것입니다. 장소도 근처 공원과 산이면 더 좋을 것입니다. 부모님들이 선호하는 것은 '거리'가 아니라 '무엇'일 것입니다. 아이에게 보여주고 싶은 무엇이 멀리 있으니 그리로 가는 것이죠. 호랑이를 볼 곳이 여기엔 없으니 멀리 가는 것입니다. 유물을 보고 싶은데 근처에 박물관이 없으니 멀리 가는 것이죠. 숲에는 무엇이 있을까요? 아무것도 없다면 무엇을 할지 막막하기만 할 것입니다.

이왕 가려고 마음먹었는데 포기할 수는 없습니다.

아이와 숲에 간다면 "계획하고 갈까요? 그냥 떠날까요?" 어른들에게 "여행을 떠난다면 어떻게 할까요?"로 바꾸면 "계획하고 떠나요."라고 대부분 대답하실 것입니다. 아마 먼 거리의 여행이라면 그 계획성은 더 높아질 수밖에 없습니다. 시간적, 공간적 제약을 어른들은 사회로부터 교육받아 잘 알고 있기 때문입니다. 하지만 유아와 아동기 아이들에게는 "여행을 떠난다면 어떻게 할 거니?"와 "밖에 나간다면 어떻게 할 거니?"와 큰 차이가 없습니다. 밖은 추운데 "점퍼 안 입어. 그냥 나가 놀 거야.", 모기가 많은데 "긴 옷 안 입어. 그냥 모기 물리지 뭐", 황사와 미세먼지가 많은데 "마스크 안 써. 답답해" 등 미래에 대한 생각은 없고 지금 생각한 것을 말하기 바쁩니다. 어떤 아이는 부모님의 말과 행동을 잘 받아들여 비슷할 수 있고 어떤 아이는 자신의 본능에 충실하여 다를 수도 있습니다. 보통은 다른 경우가 많을 것입니다. 어른이 아이처럼 행동하기 어렵고 아이는 어른처럼 생각하기 쉽지 않으니까요. 부모는 계획적으로 경험을 쌓고 아이는 무계획적으로 세상을 만납니다. 부모의 결정에 따라 아이가 느끼는 환경이 달라질 수밖에 없는 것은 당연한 것입니다. 만약 부모가 아이와의 시각 차이를 안다면 아이의 눈높이에 맞추면 됩니다. 아이의 시각에 맞추는 순간부터 여행의 거리나 계획에 대한 부담이 줄어듭니다. 아이는 부모의 기대와 요구에서 벗어나 편안하게 세상을 만날 수 있습니다. 『강신주 인문학』에서 저자 강신주는 진정한 여행은 무계획한 여행이라고 했습니다. 계획을 한다는 것은 이미 다른 사람의 경험을 가져오는 것이고 그러한 여행은 내 여행이 아닌 남의 여행이라는 것입니다. 아이들은 자신만의 여행을 하고 있습니다. 부모가 환경만 만들어주면 얼마든지 자신의 여행을 충분히 느낄 수 있는 것입니다. 숲에 갈 때도 마찬가지지만 어디를 가더라도 무계획적으로 떠나보길 권합니다.

처음에 그냥 가는 숲은 심심할 수 있습니다. 보통의 부모님들은 도시에서 만들어진 수많은 정보를 보고 들으며 살고 있습니다. 보고 듣고 싶지 않아도 각종 미디어와 거리에서 많은 자극들이 눈으로 귀로 들어옵니다. 반면에 숲은 자극이 현저하게 작아지는 것을 느낄 수 있습니다. 아이도 마찬가지입니다. 숲에서는 기존에 들리던 라디오 소리, 음악 소리, 텔레비전 소리, 유치원과 어린이집의 알록달록 화려한 색상 등 보이고 들리던 수동적 자극이 없어집니다. 갓난아기는 새로운 세상에 대한 호기심과 궁금증으로 관찰과 체험을 하느라 바쁘지만 아동기를 넘어선 학령기 아이들은 심심할 수 있는 것입니다. 자연에 대한 경험은 없고 도시생활이 오래될수록 그 차이는 현격하게 나타납니다.

도시 아이들은 자극이 적고 능동적인 공간에 가면 심심할 수 있습니다. 숲은 심심한 공간이 됩니다. 심심하면 아이들은 순간 '멍 때리기'를 하기도 합니다. 아이들은 쉴 틈 없이 생활하다 보니 심심할 틈이 없습니다. 부지런한 부모일수록 아이는 바쁩니다. 아이들에게

쉼이 필요합니다. 2014년부터 서울에서 멍 때리기 대회를 개최하고 있습니다. 이 대회는 현대인의 삶이 뇌를 쉬지 못하게 하므로 멍 때리기를 통해 뇌에게도 휴식이 필요하다는 것을 알리고 있습니다. 뇌는 쉬어야 창의력이 솟아납니다. 뉴턴, 아이슈타인, 칸트 등 많은 사람들이 휴식을 강조했습니다.

저학년 아이일수록 가급적 아이들에게 심심한 공간을 제공해야 합니다. 수동적인 자극이 가득한 공간에서는 스스로 하기보다 시켜서 하는 경우가 많습니다. 수동적 환경은 동기를 줄여 창의력을 떨어뜨릴 수 있습니다. 능동적 환경은 가만히 있으면 심심합니다. 심심하면 생각을 하게 되고 생각을 실천하려고 하는 경향이 있습니다. 아이들이 혼자 가만히 있는 시간은 그리 길지 않아 상상한 것을 행동이나 말로 글로 그림으로 공작으로 표현하느라 바쁩니다. 아이들 각자 심심한 공간에서 더 나은 환경을 원하기 때문에 스스로 놀 수 있는 공간을 만들어 행동할 수 있는 것입니다.

적극적으로 생각을 행동으로 보여주고 그 결과물을 눈으로 보며 스스로 즐거움도 찾을 수 있습니다. 스스로 했다는 성취감은 자기효능감과 자존감도 높여줍니다. 어린 시절 심심함은 장기적으로 아이들에게 도움이 될 것입니다. 단, 도시에 적응한 아이들이 숲에 대한 긍정적인 이미지가 없다면 다시 오지 않을 수 있습니다. 처음에는 적극적으로 아이와 놀아주어서 다시 오고 싶은 즐겁고 행복한 곳이라는 생각을 만들어줘야 합니다.

숲은 무계획적 활동과 심심한 장소로 능동적인 환경을 만들어 줍니다. 능동적 환경은 아이들에게 '학습동기'와 '창의력'을 제공하는 환경이 됩니다. '학습동기'의 의미를 사전적으로 풀면 새로운 지식 기술을 배우고자 하는 마음을 먹게 하는 원인이나 계기를 말하며 '창의력'은 새롭고 뛰어난 생각을 해내는 능력을 말합니다. 계획하지 않으면 틀에 갇히지 않고 스스로 새로운 생각을 하기 쉽습니다. 심심하면 재미있게 시간을 보내고 싶어 새로운 것을 관찰하고 배우고 발전시키고 실천하기 쉽습니다.

아이들은 본능적으로 성장하고 싶어 합니다. 그래서 수많은 시행착오를 겪어가면서도 어른들을 보고 모방하며 성장하는 것이겠지요. 요즘 우리 아이들은 도시에서 수많은 시각 정보를 무분별하게 받아들이고 성장하고 있어 도시가 만든 틀에 갇히는 것이 아닌가 하는 걱정도 됩니다.

## '숲'은 '놀이터'여야 합니다

부모님들께 묻습니다. "숲에 가서 아이들과 공부하고 싶으세요?" 아니면 "그냥 놀러 가고 싶으세요?" 모두가 그러시진 않겠지만 평범한 부모님은 아이가 함께한다면 공부보다 놀기를 원하실 겁니다. 그런데 부모님들이 일반적으로 보내는 유치원, 학교, 도서관 등에서 하는 숲 체험은 공부나 학습에 목적을 둔 것이 많은 것 같습니다. 놀이와 공부의 비중은 다를 수 있을 것입니다. 목적에 따라서 건강이 목적이면 놀이로 교육이 목적이면 공부로 생각하시겠지요. 나이에 따라서는 나이가 어리면 놀이로 초등학교에 진학했거나 3학년 이상이면 공부로 생각하실 겁니다. 목적과 연령 등 관점에 따라 놀이와 학습에 대한 관심의 비중이 다르지 않을까 생각합니다. 숲은 학습 공간이면서 학습 공간이 아닙니다. 숲은 놀이 공간이면서 놀이 공간이 아니기도 합니다. 숲은 학습과 놀이를 모두 갖춘 공간입니다.

사실 어릴수록 공부와 놀이는 다르지 않습니다. 그 차이를 아이가 발견하는 것은 공부, 학습, 숙제 등으로 규정된 사회적 틀을 인식하기 시작할 때부터일 것입니다. 우리 아이들은 태어나면서부터 지금까지 놀이로 건강하게 학습하고 성장하고 있습니다.

아이들은 진정한 호모 루덴스입니다. 네덜란드 문화사학자 하위징아가 1938년 '놀이하는 인간'이라는 뜻으로 '호모 루덴스'라는 개념을 소개했습니다. 놀이가 문화의 상위 개념이라는 이야기로 인간의 문화는 놀이에 의해 만들어졌다고 이야기할 수 있습니다. 아이들뿐만 아니라 모든 인간은 놀이하는 인간입니다. 아이들이 더 강하게 놀이를 좋아할 뿐입니다. 호모 루덴스의 특징 몇 가지를 살펴보면 자발적, 집단의 안녕과 복지에 대한 봉사, 놀이 자체가 목적, 열광, 환상과 상상력이 풍부한 사회적 활동이라고 했습니다. 호모 루덴스는 산업혁명을 기점으로 사라졌다고 합니다. 하위징아의 이야기가 모두 맞을 수는 없겠지만 놀이가 우리의 삶과 역사에 큰 영향을 끼치고 있

는 것은 분명해 보입니다.

현재 우리는 고도화된 산업사회에 살고 있습니다. 놀이와는 상관없는 성장, 경쟁, 생산, 소비 등의 경제적 용어들로만 가득 차 있는 것 같습니다. 몇 해 전부터 시작된 인문학 열기는 우리 사회 곳곳이 창조와 창의, 상상력, 협동에 목말라 있는 것은 아닌지 생각하게 합니다. 이러한 사회 흐름에서 우리 아이들에게 필요한 것은 무엇일까 고민해볼 필요가 있습니다. 경쟁과 이익만을 강조하는 곳보다는 아이들에게 '놀이하는 삶'을 선물할 수 있는 장소로 '숲'을 추천하고 싶습니다. 이미 호모 루덴스인 아이들이 규격화된 사회에서 벗어나 마음껏 상상하고 뛰어놀 수 있는 곳, 그곳이 자연이고 숲입니다.

숲에서는 '지식'보다는 '느낌'이 우선되었으면 좋겠습니다. 자연에서 무엇인가를 배우는 것도 중요하지만 귓가의 바람 소리와 흙의 감촉과 풀의 쓴맛을 느꼈으면 좋겠습니다. 봄, 여름, 가을, 겨울의 날씨와 색의 변화를 기억했으면 좋겠습니다. 아침에 내리는 이슬에 젖은 나뭇잎과 저녁에 해지는 석양의 구름을 기억했으면 좋겠습니다. 땅바닥에 줄지어 가는 개미의 질서와 하늘을 가로질러 날아가며 지저귀는 새들의 자유를 느꼈으면 좋겠습니다. 숲에서는 '공부'가 아닌 '놀이'로 성장하는 아이들이기 바랍니다. 아이들이 숲에서는 '머리'가 아닌 '몸'으로 느끼길 바랍니다.

## 숲 놀이는 '부모'와 '아이'가 함께

우리는 여행을 떠날 때 계획을 세우기도 하고 무계획적으로 가기도 합니다. 같이 가는 상대가 함께하고 싶은 사람이라고 가정할 때 무엇을 할지 생각하게 됩니다. 사람에 따라 생각의 기준이 자신을 기준으로 하기도 하고 상대를 기준으로 삼기도 합니다. 상대가 특별히 제안하지 않고 따르는 사람이라면 내가 원하는 계획을 세우면 쉽게 됩니다. 아이와 여행을 떠난다면 누구를 위한 여행인지 생각해봐야 합니다. 부모가 원하는 여행인지 아이가 원하는 여행인지 여행의 목적에 따라 계획도 다르고 놀이도 다를 수 있습니다. 이도 저도 아닐 때 다녀는 왔지만 모두가 힘든 여행이 될 수 있습니다.

아이들은 원래 놀이를 할 때 다른 사람의 눈치를 보지 않습니다. 점점 크면서 부모를 보고 주변을 보고 학습하면서 눈치가 늘어나는 것이지요. 아이들은 언제나 자신이 우선입니다. 호기심이 생기면 알

아보고 싶고, 만져보고, 쳐다보고, 뛰어보고, 먹어보고, 만들어보는
등 다양한 방법을 통해 놀이를 합니다. 놀이의 동기는 부모가 원해
서 하는 것보다 자신이 스스로 궁금하고 원해서 하는 경우가 대다수
입니다. 아이는 성장하며 놀이를 시작하는 동기의 비율이 달라져 처
음에는 자신만을 위한 놀이가 대다수를 차지하다 부모가 원하는 놀
이가 조금씩 늘어납니다. 좀 더 커가며 형, 누나, 언니, 오빠가 원하는
놀이 비중이 늘어납니다. 더 크면 친구가 원하는 놀이 비중이 늘어납
니다. 이렇게 자신만의 놀이로 100%를 차지하다가 부모가 10%, 형
누나가 10%, 친구 10% 조금씩 조금씩 늘어납니다. 사람을 만날수록
자신만의 놀이 비중은 90%, 80%, 70% 점점 줄어들게 됩니다. 아이
의 상황과 요구에 따라 그 비율은 다 다를 것입니다. 아이의 놀이 동
기에 대한 비중을 이해하지 못하면 놀이의 질이 떨어질 수 있습니다.
아이는 혼자 놀고 싶은데 나이가 됐다고 다른 친구를 붙여주거나 아
이는 함께 놀고 싶은데 집에만 두는 경우 등이 그런 경우가 될 것입
니다.

　　연령에 따라 살펴보면 유아기는 부모와 '함께'하면 좋습니다. 만
0~5세의 유아기 아이들은 부모님과 함께 놀기를 원합니다. 아이의
관점에서 보면 당연한 것이겠지요. 아이가 세상에서 가장 안전하다
고 생각하고, 가장 좋아하고, 가장 따라하고 싶은 대상이 부모니까요.
부모와 함께하는 시간은 놀이의 시간이자 배움의 시간이며, 기쁨의
시간입니다. 아이들과 숲에 가신다면 가급적 함께하셔야 한다고 생

각합니다. 단, 체력이 허락하는 범위에서 활동하셔야 서로 스트레스가 없으니 걷거나 뛰는, 몸으로 놀 수 있는 활동적인 놀이와 책을 보거나 자연물을 관찰하는 정적인 놀이를 잘 안배하시면 서로 간에 여유 있고 즐거운 숲 체험이 될 수 있습니다.

학령 전에는 부모와 '함께' 때로는 '따로' 하시는 것이 좋습니다. 만 5~6세의 아동기 아이들은 부모와 함께하는 것을 좋아합니다. 때론 아이들 상황에 따라 함께하는 것을 싫어하는 경우도 있으니 아이의 상태를 잘 관찰하고 함께하시면 좋겠습니다. 함께하면 좋은데 문제는 부모들이 감당할 수 없을 정도로 아이들의 체력이 매우 좋은 경우입니다. 놀이의 특성상 아이들은 즐거우면 열정이 넘쳐서 지치지 않고 놀게 됩니다. 그에 비해 부모들은 급속히 지칩니다. 부모가 보기에 흥미가 없는 놀이가 대부분이기 때문에 상대적으로 빨리 지치는 것입니다. 부모를 대신할 방법으로 가급적이면 아이의 친구와 함께하거나 형제가 함께할 수 있도록 해주면 서로에게 도움이 됩니다. 그리고 숲 경험이 있는 친구와 형, 누나, 언니, 오빠와 함께한다면 더 풍부한 경험을 할 수 있을 것입니다.

학령기는 부모와 '따로' 때로는 '함께'하는 것이 좋습니다. 초등학교 1학년인 8세에서 10세까지의 아이들은 과거에 비해 부모와 함께하기보다 따로 놀이하는 경우가 많아집니다. 초등학교에 입학하면 학업에 대한 부담이 증가하게 되어 입학 전에 비해 상대적으로 부모와 아이가 함께 놀이하는 시간은 줄어듭니다. 놀이 시간이 줄어드는 만큼 부모의 공부에 대한 관심은 늘어 아이와 부모와의 관계가 소홀해지는 경우가 많습니다. 초등 저학년 때 놀이를 줄이고 학업에 집중했을 때 장기적으로 아이의 공부도 가족의 행복도 모두 떨어지는 결과를 낳을 수 있습니다. 학업에 힘들어 하는 아이일수록 놀이를 권장해 자신감을 키워주시면 좋습니다. 학교 숙제 등으로 아이들과 함께할 수 있는 시간이 적으므로 부모님께서 아이들의 놀이 제안에 적극적으로 참여해주시면 좋습니다. 숲에서는 아이들이 자유롭게 놀 수 있도록 "안 돼!", "하지 마!", "이것 해!" 등의 부정적 환경만 제거해주어도 스스로 즐겁게 숲을 즐길 수 있는 방법이 될 수 있을 것입니다. 차차 숲에 가는 횟수가 늘어나고 아이가 제안하는 놀이가 많아지면 함께하며 즐거운 시간을 보내면 됩니다.

연령별로 차이가 좀 있기는 하지만 중요한 것은 '아이와의 관계'에 대한 것이라고 보시면 됩니다. 부모와 아이의 관계의 변화에 따라 놀이 방식이 바뀌는 것입니다. 관계가 좋다면 적극적으로 놀이를 하면 되고 관계가 소홀하거나 서운하다면 거리를 두고 자유롭게 해주는 것이 좋습니다. 공통적으로는 아이가 스스로 무엇인가에 관심을 가지고 집중한다면 충분히 경험할 수 있도록 그냥 두는 것도 좋은 방법입니다. 부모님이 보기에도 정말 신기해서 감탄하는 것이 아니면 집중하고 있는 아이를 부르지 않으셔도 됩니다. 아이가 무엇인가에 집중한다면 '그냥 두기', 꼭 챙겨두어야 할 마음자세입니다.

아이가 좋은 길로 가기를 바라는 것은 모든 부모의 마음일 것입니다. 하지만 연령, 관계 등의 상황에 따라 아이에 맞춰 조절하는 것은 쉽지 않지요. 그래서 종종 혹은 자주 실수를 하고 후회를 반복하지만 아이를 위해 그리고 부모 자신을 위해 다시 한 번 더 노력하는 것이 부모가 아닐까 생각합니다. 숲을 통해 아이와 좋은 관계를 유지할 수 있기를 기원해봅니다.

## 놀이는 표현하는 자유입니다

인간은 표현하기를 원합니다. 말로, 글로, 몸으로, 표정으로 다양한 방법으로 표현합니다. 사람들은 표현함으로써 자신의 생각과 마음을 상대에게 전하기도 하고 스스로 느끼기도 합니다. 표현하는 과정으로 인해 상처받기도 하고 치유받기도 하며 성장해갑니다. 표현하지 못하게 되면 답답하게 되고 생각도 멈추게 되는 것입니다. 텔레비전 등을 보는 아이들은 감정의 변화가 있으나 주체가 자신이 아닌 미디어이기 때문에 스스로 느끼고 표현했다고 할 수 없습니다. 놀이는 아이들에게 좋은 표현의 수단입니다.

놀이는 자유의 표현이며 자연스러운 것으로 아이의 성장을 위해 반드시 필요한 것이기도 합니다. 진정한 놀이의 구성요소는 자유에 있으며 자유는 적절한 환경이 주어지지 않으면 쉽게 얻어지지 않습니다. 부모들이 아이들에게 자유를 줄 수 있는 환경을 만들어주어야 합니다. 『학교를 넘어서』의 저자 존 홀트는 학교의 역사를 '통제'라는 단어로 정의합니다. 학교는 태생적으로 산업혁명시기에 발명된 제도로 산업혁명기에는 기계화와 대량생산으로 많은 공장들이 만들어졌습니다. 공장에는 일할 수 있는 일꾼이 필요하고 일꾼들에게는 기본적인 역량으로 일을 잘하기 위한 말하기 듣기 읽기 등을 가르치게 됩니다. 다른 개성은 필요 없이 오로지 공장, 직장에서 주어진 일을 잘할 수 있는 사람이 필요했던 것입니다. 학교는 사람의 개성과 관계없이 정해진 과목의 정해진 수준까지를 충실히 가르쳐 사회에 내보내는 역할을 한 것입니다.『불가능을 이겨낸 아이들』의 저자 스콧 배리 카우프만은 지능검사가 단체를 위해 만들어진 방법론일 뿐이며 개인에 대해서는 무의미하다고 이야기합니다. 단체의 목적을 위해 개인을 희생하는 구조적 방법론은 창의성을 말살합니다. 카우프만 박사는 어린 시절 '학습장애아'라고 평가받아 심한 자격지심을 겪고 부당한 대우를 받고 자랐습니다. 다행이 그를 응원해준 사람이 있어 교육 분야 최고의 인지심리학자가 되었지만 당시 지능검사의 폭력을 잊지 못해 해당 연구를 하게 된 것입니다.『바보 만들기』를 쓴 존 테일러는 사회가 인간을 규격화하고 있다고 했습니다. 사회가 원하는 인간을 만들기 위해 개인은 파괴되었습니다. 모든 공부는 자신이 아닌 사회를 위한 공부가 되었고 사회를 위한 공부가 아닌 나를 위한 공부는 의미 없고 쓸모없는 공부가 되었습니다. 시키는 공부를 계속해온 아이들은 정작 나를 위한 공부가 되지 않아 삶의 의미를 찾지 못해 나이가 들어 다시 찾으려 노력하거나 고민하는 시간을 뒤늦게 가지기도 합니다.

　놀이는 통제도 규격도 관리도 필요 없는 자유에서 나옵니다. 학교라는 체계는 사회에 적응하기 위해 필요할 수 있지만 자신을 알고 느끼기 위해서는 반드시 자신만의 느낌과 생각이 필요합니다. 자기 느낌과 생각을 표현할 때 다른 사람의 이해를 돕기 위한 방법을 찾을 수도 있습니다. 생각나는 대로 노래를 부를 수도 있고 몸 가는대로 춤을 출 수도 있고 느낌대로 소리칠 수도 있습니다. 때론 다른 사람의 표현에 공감하며 그 사람과 같은 표현을 할 수도 있습니다. 그의 노래를 따라 부를 수 있고 그의 몸 동작을 따라할 수 있고 그의 소리에 함께할 수 있습니다. 자신의 생각과 느낌이 먼저라면 그 또한 자신의 표현이 될 수 있습니다. 인도의 사상가 크리슈나무르티는 아는 것으로부터의 자유를 강조했습니다. '지식은 그냥 생각일 뿐 느낌이 행동으로 연결되지 않는다.'는 것입니다. 다른 사람의 표현을 자신의 느낌이라 착각하고 다른 사람의 말을 나의 말이라 착각하고 다른 사람의 행동을 나와 같은 행동이라 생각하며 살게 된다면 자신의 삶을 살 수 없게 되는 것입니다.

　아이들의 놀이도 그와 같습니다. 아이는 자신만의 놀이를 할 줄 알아야 합니다. 자신이 먼저 바로 서야 부모와 놀이를 잘할 수 있고 친구와도 놀이를 잘할 수 있습니다. 숲에서는 아이에게 무한의 자유를 주셨으면 합니다. 자유를 주기 위해 치유되지 않을 것 같은 위험을 제외하고 지긋이 바라보는 인내가 필요합니다. 아이가 뛰어다닐 수 있는 자유, 아이가 소리칠 수 있는 자유, 아이가 노래 부를 수 있는 자유, 아이가 흙을 집어 뿌릴 수 있는 자유, 아이가 돌을 던질 수 있는 자유, 아이가 바위에서 뛰어내릴 수 있는 자유, 아이가 나뭇가지를 휘두를 수 있는 자유 등 수도 없이 많은 표현을 하며 경험하는 것을 방해하지 말아야 합니다. 조금 더 거리를 두고 조금 더 천천히 말하기만 한다면 가능합니다. 아이들은 폭력적이지 않습니다. 아이들은 위험을 즐기지 않습니다. 아이들은 도전을 하며 성장하고 싶을 뿐입니다.


## 머리, 지식, 공부보다 몸, 느낌, 놀이가 먼저입니다

도시의 아이들은 어린 시절부터 많은 학습도구 속에서 살아갑니다. 놀이기구를 이용해 학습하기도 하고 동영상을 통해 학습하기도 하고 음악을 통해 학습하기도 합니다. 쬠쬠이 기구를 가지고 손을 움직여주면 뇌가 발달하여 두뇌가 좋아집니다. 학습 동영상을 통해 바른 인성을 배울 수 있습니다. 모차르트 음악을 들려주면 마음이 안정되고 두뇌가 발달한다고 합니다. 손, 발, 눈, 귀, 입 등 아이의 오감을 이용한 학습 도구와 방법들은 다양하여 끝도 없이 개발될 것처럼 보입니다. 많은 학습 도구와 방법들의 궁극적인 목적이 아이 두뇌 발달에 초점을 맞추고 있습니다. 두뇌 관련 도구들이 많이 팔리고 인기를 끄는 시기는 유아기 때부터입니다. 조기교육이 시작되는 것입니다. 부모는 아이의 두뇌가 미래의 성적과 성공을 위해 준비될 수 있다고 생각합니다. 아이를 위해 미리 준비하고 대비하는 것이 부모의 역할이고 책임이라 여기고 열심히 방법을 찾고 아이에게 적용하는 열성 부모님들도 많으실 겁니다. 아이가 좀 더 커서 아동기가 되면 학습지를 시작하게 되고 좀 더 커서 초등학생이 되면 학원을 보내기 시작합니다. 학습지와 학원은 눈과 손을 이용한 것들이 대부분으로 머리를 이용한 학습방법입니다. 머리를 이용해 지식을 배우는 것을 공부라고 부릅니다. 지식을 눈과 손으로 익혀 머리에 채우는 활동을 반복합니다. 반복은 습관이 되고 책상에 앉아 오랜 시간 공부하는 모습은 아이가 바람직하게 성장하는 것처럼 보입니다. 그러나 공부하는 아이들의 대부분은 공부를 좋아하지 않습니다. 일찍 공부한 아이일수록 더 좋아하지 않을 것입니다. 좋아하지 않는 공부는 스스로 계속할 수 없습니다. 빠르게 변화하는 세상에서 평생학습 능력은 매우 중요합니다. 어린시절 재미없어진 공부는 평생 할 수 없습니다.

유아기, 아동기, 초등학생 시절에는 공부, 지식보다 먼저 키워야 할 것이 있습니다. 공부를 왜 해야 하고 지식을 왜 배워야 하는지 알지 못하는 공부는 재미도 없고 필요도 느끼지 못합니다. 부모들이 알고 있는 미래의 좋은 대학과 좋은 직장은 아이들에게 의미가 없습니다. 의미가 없는 공부는 하고 싶지 않은 억지로 하는 일이 되는 것입니다. 인류는 공부로 시작하여 지식을 얻지 않았습니다. 필요에 의해 관찰하고 학습하며 공부로 발전해간 것입니다. 농사를 짓기 위해 식물을 관찰해 쌀을 얻었고 사냥을 하기 위해 동물을 관찰해 덫을 놓아 고기를 얻었습니다. 더 빠른 이동을 위해 자동차를 개발했고 더 따뜻한 옷을 위해 섬유를 개발했습니다. 목적이 있는 공부는 재미있고 성장하는 성취감을 줍니다. 반대로 목적 없는 공부는 의미도 가치도 재미도 성취도 없습니다. 아이들은 세상을 알아가는 것이 목적입니다. 유아기에는 입과 눈으로, 아동기에는 손과 발로, 초등학교에서는 글과 말로 세상을 차차 알아갑니다. 알아가는 과정에서 진짜 세상을 만나지 못한다면 흥미를 잃고 혼란만을 느낄 뿐입니다.

유아기의 디지털미디어 노출이 심각하다는 뉴스가 종종 나옵니다. 노출 비율은 점점 증가하는 추세입니다. 부모들의 걱정도 함께 늘어납니다. 디지털 미디어의 노출은 아이가 가상현실과 현실의 차이를 인식하지 못하는 것이 가장 큰 문제로 지적되고 있습니다. 문자화된 지식도 마찬가지입니다. 책에서 동영상으로 바뀌어 나타날 뿐 정형화된 지식으로 가득한 국어와 수학은 현실과 거리감이 있습니다.

산 샘물

권태응

바위 틈새 속에서
쉬지 않고 송송송.

253

맑은 물이 고여선
넘쳐흘러 졸졸졸.

푸고 푸고 다 퍼도
끊임없이 송송송.

푸다 말고 놔두면
다시 고여 졸졸졸.

위 시는 2016년 초등 3학년 교과서에 실린 시입니다. 산 샘물에 대한 표현을 하였지만 아이들은 샘물의 느낌을 알지 못합니다. 본 적도 없고 느껴본 적도 없습니다. 샘물이란 글씨와 다른 사람의 표현만이 지식으로 머리에 남겨졌을 뿐입니다. 수학은 삶을 도식화해놓았지만 현실과의 연결점을 찾지 못하고 계산에 몰두하고 있습니다. 어린 시절부터 현실과 떨어진 국어와 수학 등의 학습을 한다면 공부에 흥미를 유지하는 것 자체가 매우 어려운 일이 될 것입니다.

영화 "죽은 시인의 사회"에서 키팅 선생님과 학생들의 대화 중에 시에 대한 이야기가 나옵니다.

학생 : "왜 시가 필요한 거죠?"

키팅 : "의학, 법률, 경제, 기술 따위는 삶을 유지하는 데 필요해.
하지만 시와 미, 사랑, 낭만은 삶의 목적인 거야."

삶의 목적은 일만으로 이뤄지지 않았습니다. 지식만으로 삶은 행복하지 않은 것입니다. 삶에는 사랑이 있고 사람이 있습니다. 사람은 지식으로 가르쳐지지 않습니다. 놀이를 통해 삶을 시작해야 하는 이유입니다.

『풀꽃도 꽃이다』에서 대입을 준비하는 고등학생들에게 시를 읽어주는 선생님이 '시'에 대해 이야기합니다.

사진은 그리움을 담는다.
노래도 그리움을 담는다.
그래서 노래는 귀에 익은 노래가 더욱 좋아지게 되는 법이다.
그와 같이 시도 그리움을 담는다.
(중략)
이 시가 각자의 감성과 감정으로 기억되어
문득문득 시구들이 떠오를 것이다.
가끔 노래를 흥얼거리는 것처럼

선생님은 학생들에게 느낌이 있는 지식을 알려주고 싶어 하셨던 것입니다. 느낌이 없는 지식은 죽은 지식입니다. 자신의 삶에 필

255

요 없는 지식은 동기가 생기지 않습니다. 아이들의 시간을 아끼신다면 아이들이 원하는 것을 공부할 수 있는 시간적 자유를 주시면 좋겠습니다. 그러기 위해 부모님들이 마음의 여유를 더 많이 키워야 합니다.

아이를 천재로 키운 칼 비테의 전통적인 교육법을 보면 공부는 놀이로 시작한다고 했습니다. 그중 자연을 이용한 관찰과 비교 등을 통한 교육이 최고의 교육법이라고 하였습니다. 숲 놀이와 여행을 통해 모방 놀이를 하면 기억력을 높여 비교력과 판단력이 높아집니다. 장난감이 아닌 공터, 모래 등에서 놀이를 하면 상상력과 체력을 키울 수 있습니다. 놀이를 통한 공부는 느낌에서 지식으로 연결하는 통로를 만들어줍니다. 놀이를 통해 현실의 문제점과 궁금증을 발견하고 문제를 해결하기 위한 공부, 궁금증을 해소하기 위한 지식을 추구하게 되는 것입니다. 아이들이 함께 놀다 놀이 방식을 서로 설명하기 위해 고민하다 보면 자신의 생각을 더 정확히 알려주기 위해 표현 방식을 배우게 됩니다. 다양한 표현은 국어와 토론 등을 통해 배울 수 있습니다. 팀을 나누거나 점수를 세어야 하는 경우에는 수학을 이용할 수 있습니다. 더 재미있는 놀이를 위해 누군가 가르쳐주고 누군가 배우며 자연스레 지식을 익혀나갑니다. 진정한 학습은 스스로의 동기에 의한 것이어야 합니다. 아이들은 놀기 위해 태어났고 놀이를 통해 세상을 이해해나갑니다. 만약 어린 시절부터 세상과 단절된 공부로 느낌을 가질 수 없다면 아이는 재미없는 세상을 살아갈 수밖에 없는 것입니다.

　다시 한번 숲에서는 공부가 아닌 놀이를 자유롭게 할 수 있도록 제안드립니다. 아이들이 숲에서만큼은 자유롭게 표현하고 머리가 아닌 몸으로 놀 수 있다는 것을 느낄 수 있도록 충분히 자유로운 환경을 만들어주시고 부모님들도 자유로워지시길 바랍니다.

6 숲에는 '언제' 가면 좋을까요?

아이와 숲에 갈 때 언제 가면 좋은지 궁금할 때가 있습니다. 평일에 가족이 함께 숲에 간다면 부모가 퇴근 후에 가야 하니 저녁에 간다는 것인데 적절한 것 같지 않고, 주말에는 평일에 피곤이 쌓여 조금 더 늦잠을 자고 천천히 오후에 나가고 싶은데 오전 오후 중 언제 나가면 되는 건지. 비가 오거나 눈이 오는 궂은 날에는 나가기 싫고 화창하고 공기 좋을 때 가고 싶은데 모두 나가야 될지. 이런 여러 가지 상황에 따라 갈지 말지 고민하게 되는 것이 "언제 가지?"라는 고민입니다. 아이와 이왕 숲에 나가는 것이니 좀 더 좋은 시간대와 좋은 날씨에 나가고 싶은 생각은 당연한 것입니다.

처음 숲에 가신다면 부모님이 기분 좋은 날에 가시기를 권합니다. 가족 모두 기쁜 마음으로 자연이 주는 선물을 막힘없이 받을 수 있는 시점이 최고의 환경이라 할 수 있는데요. 부모님 마음이 편하고 기분이 좋은 날씨여야 아이도 함께 동화되어 즐거움을 만끽할 수 있습니다. 부모가 눈을 좋아하면 눈 오는 날에 가고 비 오는 날을 좋아하면 비 오는 날에 가고 햇살 가득한 날이 좋으면 해가 화창한 날에 가시면 됩니다. 첫 경험이 좋아야 이후에도 좋은 추억을 더 많이 쌓을 수 있습니다. 모든 경험이 좋게 되지 않을 때도 있습니다. 그럴 때는 안 좋았다 해도 다음 기회에 좀 더 좋은 추억으로 감정을 회복할 수 있습니다. 걱정하지 마시고 부모님의 기분에 맞춰 도전해보세요. 자주 숲에 가게 된다면 좀 더 좋은 시점에 갈 수 있는 시간과 계절을 고려해보시면 됩니다.

### 하루 중에는 '오전'

시간으로 숲에 가는 기준을 정할 때 하루를 새벽, 오전, 오후, 저녁으로 크게 나누어봅니다. 그 중 하나를 골라 숲에 간다면 언제 가면 좋을까 하나씩 생각해보겠습니다. '새벽'에는 해가 뜨면서 새로운 시작을 알리는 기운으로 상쾌한 느낌을 가지게 됩니다. 시작의 기운은 1년으로 치면 1월에 해당하고 1월의 첫날은 일부 어른들을 일찍 깨워 높은 산에서 일출을 보게 하는 기운이 있습니다. 어른은 새벽에 깨어나지만 아이들에게는 새벽 활동이 적절하지 않습니다. 아이들은 새벽에 잠을 자야 하고 잠은 아이 성장에 아주 중요한 요소입니다. 아이는 하루에 9시간에서 11시간 정도는 자야 충분하다고 합니다. 아이가 자고 싶은 만큼 자야 충분한 것입니다. 그럼 '오후'는 어

259

떨까요? 여름에는 더위가 최고조에 달하고 바깥에서의 활동을 자제하라는 방송이 나옵니다. 유아들은 보통 낮잠을 잡니다. 아동 이상의 아이와 어른들은 식곤증, 무기력증 등을 겪게 되는 시간입니다. 활동하기 최적의 시간대는 아닙니다. '저녁'은 해가 지고 하루를 마감하는 시간입니다. 인간의 생체 주기는 전기가 발견되기 전까지 오랜 시간 태양에 의해 발전되어왔습니다. 인류가 이뤄낸 700만 년 중 도시 생활은 250년밖에 되지 않습니다. 사람은 자연과 가까운 면역체계를 가지고 있습니다. 면역력을 높이는 방법도 태양에 맞춘 것으로 "낮에는 걷고 밤에는 자라."는 말이 있습니다. 저녁은 사람에게 휴식의 시간입니다. '새벽', '오후', '저녁'을 빼면 '오전'만 남는데 이 시간이 가장 활발히 활동하는 시간입니다. 숲도 오전이 가장 활발하게 생동하는 시간대입니다. 피톤치드는 나무에서 나오는 살균성 물질로 세균을 죽이는 역할을 합니다. 피톤치드가 발생하는 지역에 들어선 인간은 유해한 세균으로부터 자연적으로 보호받습니다. 피톤치드가 가장 많이 발생하는 시간대가 오전입니다. 독일, 일본, 한국 등 숲 유치원의 숲 활동시간이 오전을 주 활동 시간으로 하고 있는 이유이기도 합니다. 하루 중 숲에 가신다면 '오전'에 가실 것을 추천합니다.

비가 오나 눈이 오나 숲으로

도시에 살다 보면 비가 오거나 눈이 오는 날은 놀러 가거나 외출하기에 기분이 썩 좋지 않은 날로 인식되기 쉽습니다. 비나 눈으로 인해 길은 흙탕물이 만들어지고 흙탕물들로 인해 신발, 바지, 점퍼, 머리 스타일 등이 망가지는 것이 못내 싫은 것입니다. 망가진 것들을 다시 원래대로 만들기 위해 세탁도 하고 다림질도 하고 틀을 가지고 형태도 살려야 하는 등 부가적인 일까지 뇌리에 스치는 것이겠지요. 사람들은 휴가나 출장 등의 바깥 일정이 잡히면 날씨가 맑기를 바라며 자주 일기예보를 주시하게 됩니다. '만약' 모두가 신발, 옷, 머리 스타일에 크게 신경 쓰지 않고 오늘 입던 옷을 내일 다시 입고 비에 젖은 옷은 그냥 말려뒀다 다시 입는 환경이라면 어떤 날씨든 크게 문제가 되지 않을 것입니다. 아이들의 모습을 지켜보면 이런 '만약'이라는 일들이 아이들에게는 생활이고 일상입니다. 비가 오는 날에는 비 오는 날을 느끼고 눈 오는 날에는 눈 오는 날을 느낄 뿐입니다.

비가 오고 눈이 내리는 현상은 자연의 거대한 순환체계의 한 부분으로 우리 삶에서 없어서는 안 되는 소중한 환경입니다. 사람의 기분도 항상 좋은 것이 아니라 슬플 때도 아플 때도 있는 것입니다. 사람의 희로애락의 순환처럼 자연도 순환을 합니다. 비나 눈이 내려야 물이 순환하고 해가 뜨고 바람이 불어야 공기가 순환합니다. 자연의 순환을 느끼고 경험하는 것은 사람을 이해하고 경험하는 것과 같습니다. 맑은 날 등 특정 환경만을 고집하고 경험하게 하는 것은 편협한 사람을 만들기 쉽습니다. 상대의 슬픔을 이해할 수 없고 상대의 기쁨에 공감할 수 없습니다. 이해와 공감의 폭이 좁아지면 인간관계가 힘들어지고 삶의 질이 떨어질 것입니다. 자연환경도 특정 날에만 무엇인가 한다면 선택의 폭은 점점 더 좁아지고 활동할 수 있는 공간적 시간적 여유도 줄어들게 될 것입니다. 부모님께서 특정 날씨에 특별히 더 나쁘게 반응을 보이지 않았으면 좋겠습니다. 부모의 고정된

사고와 관계없이 아이들 나름대로 자신만의 날씨를 느끼며 경험해 나갈 수 있었으면 합니다. 아이는 비나 눈 등의 환경보다 '놀이를 할 수 있나? 없나?'를 더 중요하게 생각합니다.


## 사계절을 모두 경험하자

일반적인 숲 체험 프로그램들은 일회성인 경우가 많습니다. 일 년 중 하루나 며칠을 선택해 한 계절의 자연을 보며 사계절을 공부하듯 배우는 것입니다. 자연은 배우기보다 느끼는 것이란 관점에서 보면 사계절을 경험하는 것이 더 중요합니다. 일 년에 단 네 번을 하더라도 봄, 여름, 가을, 겨울을 모두 경험할 수 있게 주기적으로 체험하시길 바랍니다. 그렇게 함으로써 아이가 계절이 변화하는 자연의 흐름을 느낄 수 있기 때문입니다. 아이들이 봄의 따스함과 화사함, 여름의 무더위와 시원함, 가을의 풍요와 화려함, 겨울의 황량함과 추위 등을 온몸으로 느낄 수 있기를 바랍니다.

아이들이 놀이에 집중하면 불편한 환경은 크게 문제가 되지 않는 것 같습니다. 아이들은 어릴수록 주어진 환경에 잘 적응하여 놀며 만족스럽고 행복해 합니다. 작은 것에 행복하던 아이도 점점 자라며 도시의 편안함을 경험하고 익숙해지면 불만족스럽고 불평도 늘어나는 것입니다. 불편과 편안함 중에서 선택하라면 어느 누구도 불편을

선택하지 않을 것입니다. 인생에서 불편과 편안함은 선택할 수 있는 것이 아닙니다. 인생은 편안할 때도 있지만 슬프고 괴롭고 힘든 때도 있습니다. 자연도 그렇습니다. 자연이 인간에게 안식과 휴식의 환경을 제공해주지만 때론 덥고 춥고 습하고 가려운 불편을 줄 때도 있습니다. 바로 이것이 아이가 자연과 함께하며 배울 수 있는 인생의 중요한 교훈이 아닐까 생각합니다. 피하고 싶은 것을 피하지 못해 신경쓰며 불행한 시간을 보내기보다 주어진 편안함을 즐기는 인생이 더 행복한 삶이기 때문입니다. 숲 유치원에는 "나쁜 복장은 있어도 나쁜 날씨는 없다."라는 말이 있습니다. 자연에 나쁜 날씨란 없습니다. 자연의 흐름은 자연스러운 것입니다. 건강한 사람은 자연스럽습니다.

자연에 적응하지 못하는 부자연스런 사람의 삶은 힘듭니다.

　　사계절의 숲은 느끼기에 따라 기침 나고 덥고 모기도 많고 비로 젖고 춥고 볼거리도 없는 곳이 될 수 있습니다. 그와 반대로 햇살 좋은 날 그늘에 부는 시원한 바람과 아름다운 꽃의 향기와 깨끗한 물소리가 풍성한 날도 많습니다. 따스한 햇살과 눈부신 눈과 반짝이는 얼음으로 화려한 날도 많습니다. 불편함도 자연이고 편안함도 자연입니다. 불편도 편안함도 인생이라 생각하며 숲을 즐겨보시길 바랍니다. 부모님이 자연을 느끼고 즐기는 모습을 지켜보고 성장하는 아이는 커서 어렵고 불편한 환경이라도 의연하게 받아들일 수 있을 것입니다. 자주 숲에 가셔서 다양한 숲을 경험해보시길 바랍니다.

숲에 갈 때 '무엇을' 챙길까요?

　지금까지 숲에 가기 위한 방법으로 누구랑, 어디로, 언제, 어떻게, 무엇을 하면 좋은지 등에 대해 말씀드렸습니다. 이제 숲으로 가기만 하면 됩니다. 막상 숲에 가려고 마음먹고 짐을 챙기려는데 무엇을 챙길지 고민되시는 부모님들이 계실 것입니다. 가방과 돗자리를 우선적으로 챙기는 부모님들을 위해 무엇을 넣고 무엇을 뺄지 중요한 것 위주로 이야기해보겠습니다.

　보통 산이나 야외에 갈 때 어르신들이 챙기는 것 중에 빠지지 않는 것이 2가지 있습니다. 바로 '돗자리'와 '음식'입니다. 산 중턱 좀 시원해 보이는 곳에 돗자리 하나씩 깔고 앉아 경치 구경, 술 한 잔, 낮잠, 이야기 등을 주로 하시는 것을 볼 수 있습니다. 아이와 함께 갈 때도 이와 같은 경험을 바탕으로 한다면 아이가 원하는 숲을 체험할 수 없습니다. 준비물 중에 최우선으로 두어야 할 것은 돗자리와 다양한 음식이 아닙니다. 가장 먼저 챙겨할 것은 그날 날씨에 따른 '옷'과

'물'입니다.

## 계절에 맞는 옷과 물이면 충분

숲 유치원이 활성화되어 있는 독일에는 "나쁜 날씨는 없다. 다만 나쁜 복장이 있을 따름이다."라는 말이 있습니다. '사계절을 경험하기 나쁜 상황이란 없으며 단지 아이들의 복장을 잘 살피면 된다.'라는 것이죠. 독일 유치원에서 추구하는 교육은 자연에 대한 경험을 특정 날씨, 특정 계절의 단편적인 것이 아닌 자연의 흐름 전체를 향해 있습니다. 복장에 대한 기준은 자연에 대한 다양한 경험을 위해 필요한 기준을 명확하게 제시하고 있습니다. 아이에게 좋은 환경을 주고 싶은 것은 모든 부모의 바람입니다. 바람은 기대일 뿐 아이가 살아갈 자연과 세상은 기대처럼 편하지만은 않습니다. 기대보다는 현실에 맞춰 옷을 입혀주셔야 합니다. 옷의 가장 중요한 기능은 디자인이 아닌 체온 유지와 활동성 등을 위한 기능에 있습니다. 여름에도 긴팔, 긴바지를 입어 모기, 풀 등을 예방하고 재킷, 장갑, 신발 등으로 비, 눈, 추위를 막습니다. 다양한 상황을 함께 경험해가면서 다음에 갈때 문제를 함께 해결할 방법을 찾고 보완해가면 더 즐거운 숲 활동을 할 수 있습니다. '물'은 체온 유지를 위해 매우 중요합니다. 아이의 신체 기능이 원활하려면 물이 필수이기 때문이지요. 간식보다 더 중요한 것이 충분한 물입니다. 기본적으로 상온의 물을 챙겨주시면 됩니다. 추울 때는 살짝 따뜻한 물을 챙겨주시고 더울 때는 찬물이 아니라 그냥 상온의 물을 챙겨주시면 아이의 몸에 부담이 덜하고 놀이를 지속적으로 할 수 있습니다. '과일, 음료수도 수분이 많으니 물 대신 괜찮지 않아?'라고 생각하실 수 있습니다. 수분을 많이 포함한 적절한 과일은 괜찮지만 아이들의 몸을 생각한다면 음료수를 빼고 물만 챙겨가시길 권합니다.

### 부모, 아이 모두 배낭을 메자

배낭은 각자가 챙기는 것이 좋습니다. 배낭에는 하고 싶은 것을 담아야 합니다. 배낭 소유자가 원하는 세상을 담는 것이 배낭인 것입니다. 아이, 부모님 각각 원하는 것을 배낭에 담는 것이어야 합니다. 아이 배낭에 대한 권한과 책임도 아이 스스로에게 있어야 합니다. 배낭은 아이나 부모가 모두 하나씩을 가지고 있는 것이 좋습니다. 그래야 자신이 넣고 싶은 것을 넣고 빼고 싶은 것을 빼며 필요한 것이 무엇인지를 경험으로 느끼고 판단해 실천할 수 있기 때문입니다. 배낭에는 각자가 먹을 간식과 물, 여분의 옷, 놀이할 도구 등을 가지고 가면 될 것입니다. 부모님이 스스로 모범을 보이며 꼭 필요한 물건에 대해 간략히 설명할 수 있으면 좋습니다. 아이가 원하지 않으면 설명하지 않으셔도 됩니다. 배낭을 스스로 챙김으로 인해 놀이를 계획하고 계획한 놀이를 하고 난 후 결과에 대한 평가로 이어져 다음 배낭

에 영향을 끼치게 됩니다. 계획 – 실천 – 평가의 교육이 배낭을 스스로 챙기면서 만들어질 수 있습니다. 아이가 너무 어려 물통과 여벌옷 등을 모두 들 수 없다면 어쩔 수 없이 부모가 아이의 것도 챙겨야 합니다. 물건을 챙길 때 "번거로워도" 부모와 아이 것을 따로 챙기고 배낭을 넣을 때 부모가 대신 들어주는 것이라 이야기해주는 것이 좋습니다. 아이는 자신의 물건임을 인식하고 부모의 배려에 감사할 수 있습니다. 아이 스스로 메고 싶다면 안 된다고 할 필요는 없습니다. 어른이 보기에 아이가 챙기는 배낭은 보잘것없는 것을 챙기고 아이 스스로의 계획과도 다르게 실행되겠지만 다양한 시행착오가 아이들을 성장시킬 것이라 믿습니다.

## '게임기', '핸드폰', '장난감'은 안 돼

아이들에게 자극적인 물건을 숲에 가져가면 절대 도움이 되지 않습니다. 숲은 수동적인 곳이라 자극적인 물건이 있으면 숲이 보이지 않게 되기 쉽습니다. 핸드폰, 장난감 등을 가져가면 보이지 않게 가방에 넣어놔도 아이들의 관심이 아주 끊어진 것은 아닙니다. 자극적인 물건은 아이들의 마음속 저 깊은 곳에 이미 자리 잡고 지속적으로 유혹을 합니다. 아이들은 유혹을 떨쳐버리기 힘듭니다. 담배가 보이지 않지만 금연이 어렵고 술이 냉장고에 없지만 금주가 어렵고 지금 손에 핸드폰이 없지만 핸드폰을 안 보는 것이 어려운 것과 같습니다. 부모들도 유혹 앞에 인내하기 쉽지 않은데 아이들은 더욱 어렵지 않을까요. 숲에 가면 가급적 부모님들도 핸드폰을 꺼내지 않고 자연을 적극적으로 체험하려는 노력이 아이는 물론 부모님께도 좋습니다.

### 필수 준비물

- 옷 (★★★)
  깨끗한 새 옷보다는 헌옷으로 아이들이 편하게 활동할 수 있는 옷을 입혀주세요. 꽉 끼거나 딱 맞는 옷보다는 조금 헐렁하고 질긴 옷이면 됨니다. 그래야 벌, 모기 등의 피해를 방지할 수 있습니다. 날씨에 따라 점퍼, 여벌옷을 별도로 챙겨주세요. 점퍼는 더우면 벗고 추우면 바로 입을 수 있는 옷이면 됩니다. 여벌옷은 이미 입은 옷이 젖거나 했을 때 갈아입을 수 있는 옷입니다. 보통 7세 이하 아이들이 필요하지요. 옷은 스스로 입고 벗을 수 있는 옷이 좋습니다. 4세쯤 되면 스스로 옷을 입고 벗기 시작합니다. 숲에 가기 전에 스스로 해보면 좋습니다.

## - 신발 (★★)

등산화, 운동화같이 산에서 활동이 편한 신발을 신겨주세요. 밑창이 거칠면 미끄러짐이 덜해 활동하기 좋습니다. 구두, 샌들, 슬리퍼 안 됩니다. 미끄러지거나 나무나 돌에 걸려서 아이들이 다칠 수 있어요. 제일 중요한 것은 아이가 편안해 하는 신발입니다. 샌들이라도 아이가 편안해 하면 신겨도 됩니다. 유아는 자주 신는 신발을 선호할 수 있습니다.

## - 배낭 (★★)

자신이 가지고 간 물건들을 모두 넣을 수 있고 등에 멜 수 있으면 됩니다. 가방을 착용하고 두 손을 자유롭게 사용할 수 있어야 합니다. 소지품을 넣고 꺼내기 불편하지 않은 크기면 됩니다. 내용물로 꽉 채우지 마세요. 최대 2/3만 쓸 수 있는 크기의 가방을 추천합니다. 너무 작으면 지퍼를 사용하기 힘들어요. 아이가 잘 사용할 수 있는 가방이 좋습니다. 형제, 자매, 남매끼리 가도 각자 자신의 소지품을 챙겨 각각 독립적으로 배낭을 메는 것이 좋습니다.


- 물 (★★★)

모든 계절에 상온의 미지근한 물을 가져가는 것이 좋습니다. 상온수는 더울 때 몸을 식혀주는 효과가 있습니다. 아이들의 체질에 따라 온도를 조절해주세요. 날씨가 쌀쌀한 경우에는 따뜻한 온수가 체온 유지에 좋습니다. 중요한 것은 부족하지 않게 챙겨야 하고 편안하고 쉽게 마실 수 있어야 한다는 것입니다. 너무 뜨거우면 쉽게 바로 마실 수 없습니다. 따로 컵을 챙기면 도움이 됩니다.


- 간식 (★)

오이, 옥수수, 감자, 고구마, 호박, 과일 등 제철에 나는 자연 먹을거리나 견과류, 건과일, 떡 같은 간식을 추천합니다. 건조된 것들은 산에서 먹을 때 몸에도 좋고 휴대도 편합니다. 과자, 초콜릿 등의 인스턴트식품은 제외해주세요. 양은 어른 두 주먹만큼만 약간 부족하게 챙깁니다. 배부르지 않게 서로 조금씩 나눠먹을 수 있을 양이면 됩니다. 아이들 호감식 50%, 건강식 50%의 비율을 추천드립니다. 2~3시간 이하의 체험은 간식이 없어도 됩니다. 용기는 비닐 등 1회용품보다 플라스틱 용기에 싸주시면 좋겠습니다. 음식을 먹은 후 발생한 것들은 모두 가져온 통에 담아오면 됩니다. 숲에 가져온 것은 모두 다시 가져갑니다. 숲은 살아 있는 생명이니까요

- 방석 혹은 돗자리 (★)

간식을 먹을 때, 휴식을 취할 때 등 다양하게 사용합니다. 젖지 않는 재질이면 되고 부피는 가방에 들어가면 됩니다. 돗자리보다 방석을 추천합니다.

## 선택 준비물(★)

- 돋보기, 망원경, 삽, 루페 등 숲에서 능동적으로 사용할 도구
- 책, 그림 도구, 악기 등 간단한 놀이용품
- 모자, 선글라스, 장갑 등 개인 보호용품
- 손수건, 물티슈, 휴지 등 위생용품

선택 준비물들은 없어도 되지만 있으면 편리한 물품들입니다. 많이 챙기면 무거워집니다. 무게가 많으면 활동하기 불편합니다. 가족의 체력과 활동 계획에 맞게 최소한으로 챙기시면 되겠습니다.

## 금지 준비물(★★★)

게임기, 장난감, 핸드폰 등 수동적이고 자극적인 용품은 자제합니다.

# 날씨/계절별 준비물

[겨울]

- 옷 (★★)

상의/하의 모두 비닐류의 옷을 착용하면 좋습니다. 날씨가 추우면 3겹 이상으로 준비해 체온에 따라 겹쳐 입고 벗을 수 있도록 해주세요. 두꺼운 옷이 아니라 얇은 옷을 여러 겹 입혀 활동이 편해야 합니다. 점퍼는 허리까지만 오고 모자가 달린 것을 추천합니다.

- 장갑 (★★)

벙어리장갑이 따뜻합니다. 유아의 경우 손가락이 편하게 움직이는 면장갑을 여러 개 준비하시면 좋습니다.

- 부츠 (★★)

발목 위로 올라와 바지에 연결되어 눈이 들어가지 않도록 해주세요. 바닥이 매끈한 신발은 피해주세요. 양말은 부츠보다 긴 것으로 착용해주세요.

- 기타 용품

목도리, 버프, 손난로 등 필요에 따라 개인별로 지참하시면 됩니다.

[여름]

- 옷 (★★)

여름이라도 가급적 얇고 헐렁한 긴팔과 긴바지를 권장합니다. 헐렁한
옷을 입어야 긁힘과 벌레 물림을 방지할 수 있습니다.


- 물 (★★★)

가장 물을 많이 마실 때입니다. 물을 충분히 챙겨주세요.


- 기타 용품

벌레 퇴치제, 자외선 차단제 등


[우천 시]

- 비옷 (★)

팔을 따로 끼우지 않고 가방도 함께 덮이는 '판초우의'형을 추천드려요.


- 신발

장화는 발목이 길고 잘 벗겨지지 않아야 합니다. 슬리퍼도 괜찮습니다.


- 여벌옷 (★)

춥거나 하산해 돌아갈 때 사용합니다. 비닐봉투에 챙겨주세요.

- 물 (★)

체온 유지를 위해 미지근하거나 따뜻한 물을 추천합니다.


- 우산은 추천하지 않으나 아이가 원하면 스스로 챙기도록 두시면 됩니다.


### 방법 정리

| 구분 | 방법 |
|---|---|
| 마음가짐 | 부모와 아이는 다르다는 것을 인식하자.<br>이해하고 공감하며 아이의 시선으로 보자. |
| 누구랑 | 같이 있고 싶은 사람과 함께하고 싶어 한다.<br>어릴수록 부모가 함께 가자. |
| 어디로 | 멀리보다 가까운 곳을, 여러 곳보다 한 곳을 자주 가자. |
| 어떻게 | 아이가 원하는 것을 하자.<br>무계획적으로 가자.<br>가능하면 함께 하자.<br>마음껏 표현할 수 있도록 자유를 주자.<br>머리, 지식, 공부보다 몸, 느낌, 놀이가 먼저 되도록 하자. |
| 언제 | 자연의 흐름을 느끼기 위해 자주 가자.<br>모든 계절, 모든 날씨에 가자.<br>하루 중에는 오전에 가자. |
| 무엇을 | 계절에 맞는 옷과 물을 꼭 챙기자.<br>부모와 아이 모두 각자의 배낭을 메자.<br>수동적 물건은 가져가지 말자. (핸드폰, 게임기, 장난감 등)<br>준비물은 꼭 필요한 것만 챙기자. |

6장

가자, 숲으로

# 1 아이들이 원하는 놀이터

## 자유로운 놀이터

앞에서 타카하루 테즈카가 설계한 일본 도쿄의 최고의 유치원을 살펴봤습니다. 도넛 모양의 이 유치원은 옥상이 개방형으로 운동장의 트랙처럼 연결되어 있어 아이들은 한 바퀴를 막힘없이 뛰어다닐 수 있습니다. 그래서인지 이 유치원의 아이들은 평균 4km를 달립니다. 걷는 것이 아니라 달립니다. 남자아이들은 아침에만 6km를 달립니다. 특별한 목적도 없이 달리죠. 최고의 유치원은 아이들이 달릴 수 있는 환경을 만들어줍니다. 아이들을 통제하지 않고 지나친 보호를 하지 않으며 때때로 다칠 수 있다고 생각합니다. 마음껏 달릴 수 있는 환경을 통해 아이들은 세상을 배우고 성장한다고 믿고 있습니다. 선생님이 아침에 뛰라고 지시한다면 8km를 뛰는 아이들이 몇이나 될까요? 지금 부모님들의 아이들도 마음껏 뛰어놀 수 있는 놀이터를 원하지 않을까 생각합니다.

## 위험하고 도전할 수 있는 진짜 놀이터

EBS 다큐프라임 "놀이터 혁명"에서 놀이터에 대해 방송을 했습니다. 우리나라의 놀이터와 외국의 놀이터를 돌아보며 진정 아이들이 원하는 놀이터가 무엇일지 고민하는 내용이었습니다. 놀라운 점은 외국의 어린이 놀이터는 우리 기준으로 봤을 때 위험한 놀이터였다는 것입니다. 놀이터는 아이들의 성장을 위해 도전할 수 있는 위험물과 시간의 흐름이 보이는 가공되지 않는 나무, 쇠 등을 주로 이용하여 다양한 모습으로 만들어져 있었습니다. 그들의 안전 기준은 매우 허용적이었습니다. 회복 가능한 상처는 괜찮다며 '나무 가시에 찔려도, 부러져도, 멍들어도, 피가 나도 아이가 다시 놀이를 할 수 있게 회복된다면 어떤 상처도 괜찮다.'는 것이었습니다. 우리의 안전 기준보다 범위가 훨씬 넓고 도전을 지향합니다. 진짜 놀이터에서는 아이들이 자신의 힘으로 모험을 즐기고 장애를 극복하며 성장하는 것입니다.

## 우리의 놀이터, 공터

우리의 놀이터는 어떤가요? 복사해서 붙여넣기한 것같이 똑같은 놀이터가 넘쳐나고 위험보다 안전을 최우선으로 생각하며 각종

페인트로 놀이시설을 도색하고 유해한 화학물인 합성코르크로 바닥을 깔아놓은 알록달록 놀이터입니다. 앞서 말씀드린 일본과 유럽의 놀이터와 매우 상반되는 놀이터들이 주를 이루고 있습니다. 아이들의 놀이에 맞춰져 있기보다 어른들의 편의를 위해 만들어진 시설에 불과합니다. 그나마 이런 놀이터도 없어 아이들이 놀 곳이 없는 곳도 많습니다. 학원에 가야 하니 이런 놀이터조차 그림의 떡인 아이들도 많습니다. 그나마 시간되는 아이들이 편안하게 놀 수 있다고 생각하는 유일한 곳이 놀이터입니다. 그 놀이터 중에서도 놀 줄 아는 아이들이 가장 많은 시간을 보내는 곳은 놀이터에 있는 미끄럼틀, 그네 등의 기구가 아니라 공터입니다. 공터에서 딱지 치고 술래 잡고 축구하며 놀이를 합니다. 기구는 왜 필요한 것일까요? 놀 사람이 없어 혼자 놀 때 가장 필요한 것입니다. 어릴 적 기억을 되돌려보면 우리의 놀이터는 공터, 골목인 경우가 많았습니다. 지금 우리 아이들에게도 함께 놀 친구들과 공간이 필요한 것입니다. 순천의 기적의 놀이터를 만든 놀이 전문가 편해문님의 여러 책들에서도 지금 아이들의 놀이 공간에 대한 문제점을 언급하고 있습니다. 세이브칠드런의 "놀이터를 지켜라" 프로젝트에서도 공통적으로 놀이터에 대한 문제점을 지속적으로 이야기하고 있지만 당장의 경제 논리에 밀려 개선이 이뤄지지 않고 있는 것이 현실입니다.

아이들이 원하는 놀이터는 놀 수 있는 공간이 있어야 하고 도전할 수 있는 위험이 있으며 허용적인 문화가 함께 해야 하는 것입니다. 우리가 아이들이 원하는 놀이터를 만들어줄 수 있다면 아이들은 스스로 성장할 수 있을 것입니다.

# 2 살아 있는 놀이터

어른들의 생각과 달리 아이들은 자유롭게 뛰어놀 수 있는 공간과 새롭게 변화하고 조금은 위험하지만 도전할 수 있는 놀이터를 선호합니다. 하지만 대한민국 대부분의 놀이터는 놀랍도록 개성이 없고 아파트에 들어선 놀이터는 더욱 동일합니다. 대부분 아이 안전 우

선과 부모의 편의를 위해 만들어져 있기 때문입니다. 지금 주변에 적당한 놀이터가 없다면 최적의 놀이터인 숲을 제안드립니다. 가족과 함께 숲에서 자연과 벗하며 즐겁게 마음껏 뛰어놀 수 있기를 희망합니다. 숲이라는 공간이 아이들에게 어떻게 원하는 공간을 만들어주는지 설명드리겠습니다.

## 숲은 살아 있는 놀이터

숲 활동을 하는 분들에게 "숲과 도시의 가장 큰 차이점은 무엇인가요?"라고 묻는다면 이렇게 대답할 것입니다.

"숲은 살아 있어요."

맞습니다. 아이들과 숲에 다녀야 하는 이유는 숲은 살아 있기 때문입니다. 도시와 달리 숲은 살아 숨 쉽니다. 나무, 흙, 바위, 물 등이 서로 순환하며 살고 있습니다. 하루를 기준으로 낮과 밤이 다르고 계절을 기준으로 사계절이 다릅니다. 날씨에 따라 비, 눈, 바람, 햇살 등 다르게 변화하는 모습을 보여줍니다. 물론 놀이터도 낮과 밤, 사계절, 날씨가 모두 있지만 그네나 미끄럼틀이 자연의 흐름에 호응하지는 않을 것입니다. 살아 있는 생명끼리 호흡하는 흐름이 느껴지는 곳이 숲이라는 것입니다. 자연의 느낌을 글과 사진과 TV로 가르쳐 줄 수 없습니다. 아이들은 죽어 있는 곳과 살아 있는 곳 중에 살아 있는 곳을 원합니다. 아이들은 물론 어른도 살아 있는 곳으로 가야 합니다. 아이와 어른 모두 숲에 가고 싶어 합니다.

### 도전이 있는 숲

일반적인 도시사람들이 생각하는 것처럼 숲은 위험한 곳입니다. 가시 돋은 나무와 풀, 비탈진 경사, 미끄러질 것 같은 흙길, 거칠어 보이는 바위 등 상상할 수 있는 많은 위험 요소들이 있습니다. 위험요소들은 스스로 조절 가능한 것입니다. 숲에서 갑자기 나무나 바위가 아이를 덮치는 경우와 도시에서 신호등을 건너다 자동차와 부딪치는 경우 중 어떤 사고가 더 많이 일어날까 생각해보면 후자가 더 많을 것입니다. 숲에도 도시에도 위험한 요소는 많습니다. 그래도 숲이 도시보다는 스스로 위험을 조절할 수 있는 것이 더 많습니다. 아이 스스로 판단하고 행동하면서 자신의 몸과 마음의 근력을 이해하고 도전을 통해 위험을 더 잘 조절하며 더욱 성장할 수 있게 되는 것이지요.

### 안전한 숲

위험한 곳에서 생활하는 사람은 위험에 더 민감하게 반응하며 자신을 보호한다고 합니다. 아이들 역시 민감하게 반응합니다. 그 민감도는 어른보다 매우 높습니다. 높은 민감성 때문에 아이들은 보고 듣고 느끼는 것만으로도 빠르게 성장해갑니다. 숲에서 경험하는 단계적 위험 요소들은 자기 몸의 능력을 판단하게 하고 더 위험한 상황에 빠지지 않게 조절할 수 있습니다. 예를 들면 30cm 높이의 바위에서 겨우 뛰는 아이가 1m 높이의 바위에 올라가지는 않습니다. 30cm보다 조금 더 높은 바위를 찾아 뛰어보겠죠. 점점 자신의 신체 능력을 높여가며 자연의 흐름 안에서 신체적 자유를 경험하고 도전의 성공을 통해 마음의 편안함으로 확장시킬 수 있습니다. 숲은 아이들에게 몸과 마음의 즐거움을 줄 수 있는 것입니다.

## 안식처가 되는 숲

　설과 추석이 되면 대부분 일하는 도시를 떠나 부모가 있는 고향으로 돌아갑니다. 아마 다녀오신 고향도 대부분 도시였을 것으로 예상이 됩니다. 고향에 추억의 장소가 남아 있는 분은 어린 시절 놀던 추억을 떠올리며 따뜻한 감정을 느끼실 수 있을 겁니다. 도시 아이들은 대부분 아파트로 만들어진 비슷한 환경에서 자라나 이곳이나 저곳이나 비슷한 모습입니다. 하루가 다르게 건물을 없애고 새로 짓는 도시에서 과거의 추억을 가질 만한 곳은 없습니다. 소설가 이오덕 선생님은 애국심도 향수도 직접 경험해야 생기는 것이라 말씀하셨습니다. 도시 아이들에게는 어린 시절 직접 경험한 곳이 남아있지 않습니다.

향토심 없는 아이들에게 애국심을 기대한다는 것은 어려운 일입니다. 애국심도 향수도 없어지는 것이 당연합니다. 자연은 향토심을 키우기에 좋습니다. 뛰어놀던 추억의 장소를 자연으로 만들어주면 자연에서 안식을 찾을 수 있습니다. 숲을 통해 어른이 돼서도 자연의 향수를 경험할 수 있게 해주는 어린 시절의 기억을 심어줄 수 있습니다.

『혼자 있는 시간의 힘』을 쓴 사이토 다카시 교수는 단독자라는 표현으로 자아 정체성이 강한 사람이 되어야 한다고 강조했습니다. 단독자는 자기력이 강하고 자기력은 스스로 독립할 수 있게 한다는 것입니다. 자기력이 강한 사람은 환경에 치우치지 않고 자신만의 삶을 살아갈 수 있습니다. 자기력을 높이기 위한 방법으로 자연을 이용할 수 있습니다. 물, 땅, 불, 바람 등 자연에서 고독의 시간을 다독이며 마인드콘트롤을 할 수 있게 된다고 했습니다. 자연이 자기력을 키우고 커진 자기력은 단독자로서 독립할 수 있게 한다는 것입니다. 자연은 형태가 자유롭기 때문에 보는 이의 마음이 투영됩니다. 아이의 마음이 자연에 투영되어 고독의 시간을 보내고 나면 스스로 독립된 삶을 살게 될 수 있을 것입니다.

아이들이 원하는 숲은 살아 있고 모험이 있고 안전하며 안식처가 되는 자유로운 곳입니다. 숲은 자연과 친구가 되어 다양한 경험을 하며 놀이를 하는 장소이고 나중에 성장하고 다시 찾을 수 있는 안식의 장소입니다. 자연과 교감할 수 있는 어린 시절에 더 자주 숲에 가시길 권하는 이유입니다.

# 3 지금, 아이들과 숲으로 가자!

     책을 보고 읽으면 해야겠다는 동기는 생기지만 직접 실천하는 데는 용기가 필요합니다. 책을 끝까지 읽었다면 이번 주말에 꼭 아이와 숲에 가보시길 바랍니다. 앞서 많은 이야기를 드렸지만 어렵지 않습니다. '숲에 가는 것 별거 아닌데.'라고 쉽게 생각해주시면 좋겠습니다. 더 쉽게 가실 수 있게 책의 내용 중 숲에 가기 직전 읽어보면 좋을 내용들을 몇 가지 정리해보았습니다.

## 숲에 가기 전 읽고 가자!

1. 아이들이 원하는 것 인정하기 : 부모의 언행일치가 중요합니다.
2. 잔소리, 가르치기 안 하기 : 지시보다 자율이 중요합니다.
3. "하지 마" 안 하기 : 안전보다 도전 의지가 중요합니다.

4. 음식은 배고프지 않을 만큼, 없어도 그만 : 먹으러 가기보다
   느끼러 갑니다.


당장 숲에 갈 때 목록에 적힌 것만 한번 쭉 읽고 마음에 담아가면 좀 더 수월한 마음으로 숲을 즐기실 수 있을 겁니다. 그 중에서 가장 중요한 것은 아이들을 이해하는 것입니다. 아이들을 이해하려고 노력하는 순간 아이는 건강해지고 부모는 숲이 편해질 것입니다. 부모가 조금만 더 숲을 즐기려 노력하면 아이와 함께 공감하며 놀 수 있게 됩니다. 놀 수 있게 되면 가족 간에 좋은 관계가 형성되어 아름다운 추억도 쌓이게 될 것입니다.


영화 "포카혼타스"에 "바람의 빛깔"이라는 노래가 나옵니다.

사람들만이 생각할 수 있다
그렇게 말하지는 마세요.
나무와 바위 작은 새들조차
세상을 느낄 수가 있어요.

자기와 다른 모습 가졌다고
무시하려고 하지 말아요.
그대 마음의 문을 활짝 열면

온 세상이 아름답게 보여요


달을 보고 우는 늑대 울음소리는
뭘 말하려는 건지 아나요
그 한적 깊은 산속 숲 소리와
바람의 빛깔이 뭔지 아나요
바람의 아름다운 저 빛깔을


얼마나 크게 될지 나무를 베면
알 수가 없죠.
서로 다른 피부색을 지녔다 해도
그것은 중요한 게 아니죠.
바람이 보여주는 빛을 볼 수 있는
바로 그런 눈이 필요한 거죠.
아름다운 빛의 세상을 함께 본다면
우리는 하나가 될 수 있어요


　　모든 아이들이 바람의 빛깔을 볼 수 없을지 모릅니다. 하지만 어린 시절 숲 경험으로 아이 마음에 자연의 씨앗을 심을 수 있습니다. 아이 마음에 심어진 자연의 씨앗은 성장하며 힘들고 지칠 때 삶 속에 피어나는 희망이 될 것입니다. 희망을 잘 키우며 성장한다면 커다란 나무로 성장해 있을 것입니다. 커다랗게 성장한 나무는 아이에게 그늘이 되어주고 기댈 수 있는 지지대가 되어줄 것입니다. 마음속에 성장한 나무는 바람의 빛깔을 보고 다른 피부색을 이해하며 자연의 모든 것이 하나라는 생각을 가질 수 있을 것이라 믿습니다.

자연에서는 눈에 보이지 않을 만큼 작은 꽃들도 무수히 피고 집니다. 아무리 작아도 모든 꽃은 크건 작건 같은 기능을 하며 하나하나가 소중합니다. 자연의 모든 꽃이 소중하듯이 우리 아이도 한명 한명이 소중한 꽃이며 모두 훌륭한 꽃의 역할을 할 것임을 기억해주시기 바랍니다.

부모님들께 마지막으로 드리고 싶은 말씀은 아이가 숲을 잘 느끼고 친구가 되려면 '자주' 만나야 한다는 것입니다. 사람 관계도 눈에서 멀어지면 마음도 멀어진다고 합니다. 자연과 아이에 대한 부모님의 마음가짐이 중요합니다. 숲을 매개로 부모와 아이의 관계가 더욱 좋아질 수 있으며, 좋아진 관계는 자연을 더 깊이 있게 들여다볼 수 있게 하는 선순환의 구조를 만들 수 있습니다. 부모와 아이 모두 도시에서 태어나 자연이 어색할 수 있습니다. 자연과 빠르게 친해지면 좋겠지만, 느리더라도 부모와 아이가 함께 천천히 자연을 느낄 수 있도록 노력하시면 할수록 자연을 이해하며 사랑으로 경험하실 수 있을 것입니다. 몸으로 경험하지 못하는 것은 사랑할 수 없습니다.

지금도 늦지 않았습니다. 아이 마음에 자연의 씨앗을 심을 수 있도록 함께 숲에 꼭 가보시길 바랍니다.

이 책은
항상 남편을 믿어주는 아내 최정옥과
사랑이 넘치는 딸 정하나,
용기 있는 아들 정시우
그리고
저를 믿고 소중한 아이를 꾸준히 보내주신 부모님들과
사계절 숲에서 함께한 모든 아이들 덕분에
만들어졌습니다.
마음 깊이 감사함을 전합니다.

# 도시 숲에서 아이 키우기
## 자연을 즐기며 느끼고 성장하기

2019년 10월 20일  초판 1쇄 발행

**지은이**  정문기

**펴낸이**  이규만
**편집**  상현숙
**디자인**  아르떼203

**펴낸곳**  참글세상
**출판등록**  제300-2009-24호 (2009년 3월 11일)
**주소**  서울시 종로구 인사동 7길 12 백상빌딩 1305호
**전화**  02-730-2500
**팩스**  02-723-5961
**이메일**  kyoon1003@hanmail.net
ⓒ 정문기, 2019
ISBN 978-89-94781-59-4  03370